最游购娱食

上海

《游购娱食》编写组 编著

印刷工业出版社
北京希望电子出版社
Beijing Hope Electronic Press
www.bhp.com.cn

内容简介

上海拥有中国最大的外贸港口和最大的工业基地，同时也是一座新兴的旅游城市。曾为十里洋场的上海，具有深厚的近代城市文化底蕴和众多的历史古迹，并成功举办了2010年世博会。

上海有众多闻名遐迩的景点，包括外滩、东方明珠、豫园、城隍庙、人民广场等；除了汇集有其他地区的特色美食，也保留着很多令人回味无穷的本帮菜，如响油鳝糊、油爆河虾、油酱毛蟹、佛手肚膛、黄焖栗子鸡等；上海更是令人目不暇接的购物圣地，淮海中路、南京西路、徐家汇等都会令游客流连忘返。

本书内容翔实、设计贴心，是游上海的最佳指南用书。

图书在版编目（CIP）数据

游购娱食·最上海/《游购娱食》编写组编著. —北京：印刷工业出版社，2012.7

（游购娱食）

ISBN 978-7-5142-0512-1

Ⅰ.游… Ⅱ.游… Ⅲ.旅游指南－上海市 Ⅳ.K928.951

中国版本图书馆CIP数据核字(2012)第128963号

游购娱食·最上海

编　　著：《游购娱食》编写组

责任编辑：岳智勇 刘俊杰　　责任校对：方加青

责任印制：天宇万达　　责任设计：韦　纲

出版发行：印刷工业出版社（北京市翠微路2号 邮编：100036）

北京希望电子出版社（北京市海淀区上地三街9号嘉华大厦C座610　邮编：100085）

网　　址：www.bhp.com.cn

经　　销：各地新华书店

印　　刷：北京天宇万达印刷有限公司

开　　本：787mm×990mm　1/16

字　　数：323千字

印　　张：14.25（全彩印刷）

印　　数：1～5000

印　　次：2012年7月第1版　2012年7月第1次印刷

定　　价：39.80元

I S B N：978-7-5142-0512-1

目录
contents

上海印象

A 最in 畅游路线热荐

行程游

上海3天2夜精品游

上海5天4夜深度游

主题游

上海花园洋房游

上海浪漫情侣游

上海饕餮食客游

B 10宗最

021-039

上海10大最特色商业街

上海10大最经典剧场音乐厅

上海10大最繁华商业中心

上海10大最文艺小资地带

上海10大最浪漫潮地

上海10大最怀旧老教堂

C 上海潮游热地

041-211

游 购 娱 食

黄浦区

游

购

娱

食

徐汇区

游

购

娱

食

长宁区

游

松江区

游

娱

青浦区

游

嘉定区

游

宝山区

游

购

浦东新区

游

购

上海印象

SHANG HAI

上海是中国的经济和金融中心，也是中国科技、工业、贸易、会展和航运中心。不仅如此，上海还是一个国际化的时尚大都市。上海外滩有万国建筑博览群，浦东有现代化的摩天大厦景观，此外，上海还有很多不同特色的美食及颇具老上海风情的休闲街等。

上海地理

上海地处长江三角洲的前沿，依东海之滨，东可望见太平洋，西与江、浙两省毗邻，南临杭州湾，北为长江的入海口。

上海气候

上海属于北亚热带季风性气候，四季分明，雨、热同期，日照充分，雨量充沛，气候温和湿润，一、二月最冷，最低气温为-5℃～-8℃，春秋较短，冬夏较长。

上海区划

上海可划分为17个区。中心城区：黄浦区、徐汇区、长宁区、静安区、普陀区、闸北区、虹口区、杨浦区；郊区：闵行区、宝山区、嘉定区、浦东新区、金山区、松江区、青浦区、奉贤区；郊县：崇明县。

市花

白玉兰。

上海人口

上海人口约1921万人。

上海语言

上海话、普通话。

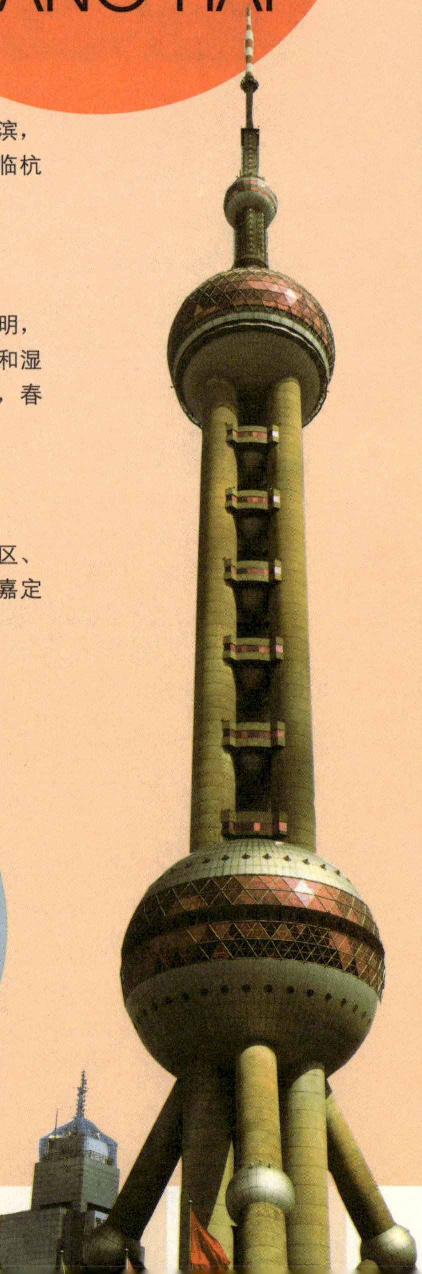

上海交通

上海出租车

上海市区小型客运出租车的起步价为14元，起步里程为3公里，超出的里程按每公里2.4元计算。例如：乘车的距离超过10公里，单价加计50%，夜间（23:00～凌晨5:00）上浮30%；车速低于12公里/小时或乘客要求停车等候，每5分钟计收1公里起租里程单价。

上海市区中型客运出租车起步价为19元，起步里程为3公里，超出的里程按每公里2.4元计算。例如：超出10公里，单价加计50%，夜间（23:00～凌晨5:00）上浮30%；车速低于12公里/小时或乘客要求停车等候，每5分钟计收1公里起租里程单价。

上海市郊区出租车的起步价为11元，起步里程为3公里，超出的里程按每公里2.4元计算。

上海公交

上海公交是上海主要交通方式之一，目前拥有数千条公共汽车和电车线路，所以上海公交四通八达，线路遍布，很方便，票价无人售票车：非空调车1元或1.5元；空调车一律2元；有人售票车：按距离远近，价格不同。

上海地铁

上海地铁由1号线、2号线、3号线、4号线、5号线、6号线、7号线、8号线、9号线、10号线、11号线和13号线组成。票价一般都是3元（里程在0～6公里）或4元（里程在6～16公里）起步；如果是16公里以上的话，每10公里增加1元。其中，磁浮线的票价为单程50元，往返80元。这些线路连接着市区的主要商业区和旅游景点，去上海旅游乘坐地铁是比较不错的选择！

友情提示

A. 交通储值IC卡在挂有“上海公共交通卡销售处”标牌的各轨道交通车站售票窗口、公交站点、银行、便利店等都可充值，并且可以反复充值使用。

B. 乘地铁时，单程票可由自动售票机或售票窗口出售。

A 最in畅游路线热荐

006-019

上海3天2夜精品游

DAY 1 人民广场—南京路

上海大剧院

上午 人民广场是上海的中心地带，周围有很多地标性的建筑，还有上海大剧院、上海城市规划馆、上海博物馆等。广场内部的环境很幽雅清静，还设有假山和清水池塘，竹园青翠，风光迷人。

下午+晚上 南京路毗邻人民广场，上午逛完人民广场就可以直接去南京路步行街吃中午餐。南京路步行街素有“中华商业第一街”的美誉，店铺众多，大厦林立，街上还有很多特色小吃，是来上海的必逛之地。晚上可以在南京路品尝这里的美味小吃，主要有鲜肉月饼、熏鱼肉、桂花糕、蟹粉小笼、馄饨等，还有各式点心，当然南京路的夜景也是相当不错的。

南京路步行街夜景

DAY 2 外滩—东方明珠—金茂大厦—环球金融中心—正大广场

东方明珠塔、外滩

上午 外滩享有“万国建筑博览群”的美誉，有众多上海的标志性建筑，充满了异域风情，加上黄浦江的美景，成为上海最富有魅力的旅游景点之一。东方明珠是上海最有型的标志性建筑之一，不容错过。金茂大厦和环球金融中心是上海建筑界新型地标性的建筑，其中环球金融中心是目前中国第一高楼。

下午 正大广场是上海浦东地区最有人气的购物胜地之一，也是集购物、美食、娱乐于一体的大型综合型购物广场。

晚间 晚上可以到浦东的廊亦舫品尝上海本帮菜。这里菜肴精致，环境幽雅，布局非常有情调，在这里可以欣赏外滩的夜景。夜幕降临后，外滩的景色和白天截然不同，在霓虹灯的映衬下，五光十色，绚丽多彩，给夜上海蒙上了一层神秘的面纱，也使万国建筑具有一种童话般的氛围，这时的黄浦江是非常迷人的。

黄浦江夜景

DAY 3 豫园—城隍庙—沉香阁—绿波廊—东台路—大世界

豫园

上午 豫园是江南古典园林的代表，园内众多古典建筑、艺术园林等很值得观赏。城隍庙是上海历史最悠久的寺庙之一，香火繁盛，在这里还可以买到很多有趣的小玩意，路边还可以品尝特色小吃，如臭豆腐干、年糕团、蟹壳黄。沉香阁以沉香观音闻名海内外。在绿波廊可品尝到这里的美食，它是上海老字号餐厅，这里的菜肴口味地道，内部环境也非常古朴典雅。

城隍庙夜景

下午 东台路是上海著名的古董街，被称为上海的“琉璃厂”，这里售卖各式各样的古玩，还有各种工艺品，是旅游来沪的淘宝天堂。大世界是上海的游乐天堂，疲惫的时候在此放松下身心也是一件非常惬意的事情。

左：东台路，右：大世界

上海5天4夜深度游

DAY 1 外滩—人民广场—老半斋—南京路步行街

上午+下午 外滩是上海一道亮丽的风景线，周围有东方明珠、金贸大厦等地标性建筑景观，还有风格迥异的古典建筑，是去上海观光旅游的必到之地。人民广场是一个园林式的广场，环境幽雅，草坪如茵，被誉为“城市绿肺”，周围建筑十分华美。午餐可以在上海著名餐厅老半斋品尝正宗的淮扬菜，这里也是文人墨客聚集的地方。

左：外滩，右上：人民广场

晚上 南京路步行街是上海最大的商业步行街，街上有各种大型的品牌店和食肆、酒吧及休闲场所等，夜景美不胜收，高楼大厦在灯光的映衬下显得更加华丽。

DAY 2 甜爱路—鲁迅公园—多伦多路—巴黎春天—乍浦路

甜爱路

上午 早晨初到甜爱路，空气非常清新，环境也非常优美，鸟鸣轻风。伴着马路上车辆的鸣笛，漫步在这悠长的道路上，身心都觉得清爽。甜爱路被称为“最浪漫的马路”，一定要来此感受下“浪漫”的气息。鲁迅公园是鲁迅墓地和鲁迅纪念馆所在地，是一座闻名遐迩的城市公园，内部环境清幽宁静，充满了人文气息。

下午 多伦多路是上海著名的文化街，这里有众多名人故居、旧式里弄、老公馆等，累了就去逛逛服装店，找个咖啡屋喝杯咖啡休息下。巴黎春天是顶级名品商场，里面售卖各种国际品牌的服饰，环境高雅舒适，还有咖啡屋。

巴黎春天

晚上 乍浦路美食街是上海的美食不夜城，道路两旁坐落着20世纪30年代的旧式里弄房屋。鼎盛时期有100多家大大小小的饭店，如今大多已不在了。不过，里面的特色小吃店依然别具风味，夜景也颇有情调。

DAY 3 徐家汇天主教堂—徐家汇藏书楼—龙华寺—上海体育馆—上海交通大学—天钥桥路美食街—美罗城

徐家汇天主教堂

上午 徐家汇天主教堂是远东地区最宏伟的教堂之一，红色的外墙营造出一种庄严的气氛。徐家汇藏书楼孕育着浓厚的文化气息，很值得到此熏陶。龙华寺是上海最大、最古老的庙宇，周围还有龙华塔、龙华烈士陵园等景点。

龙华寺

徐家汇藏书楼

下午 上海体育馆是上海的大舞台，建筑非常有特色，容量也非常大。上海交通大学是中国历史悠久的著名大学，内部藏书多且经典。

左：上海体育馆，右：上海交通大学

晚上 夜晚可以去品尝下徐汇区的美食。天钥桥路美食街上有很多特色十足的小吃，附近还有很多休闲娱乐的地方，饭后可以到处逛逛。美罗城是徐汇区一家集购物、休闲、娱乐、美食于一体的大型时尚商场，可以在里面尽情地放松自己。

徐家汇夜景

DAY 4 外滩源—豫园—城隍庙—黄河路美食街

上午 外滩源是苏州河和黄浦江两条河围绕出来的三角区，东起黄浦江，西至四川中路，北抵苏州河，南面滇池路，区域内保留着一批建于1920年至1936年间的各式近代西洋建筑，是外滩“万国建筑博览群”的源头，也是上海现代城市的源头。在这里可以领略到各式建筑的万种风情。

外滩源

下午+晚上 豫园被誉为上海第一大名园，也是江南著名的园林之一，附近汇聚了众多小吃店和商铺，著名的南翔小笼就坐落于此。城隍庙是上海有名的寺院，这里的小吃也闻名全国。晚上可以到黄河路美食街品尝这里口味正宗的小吃。

DAY 5 上海世博会中国馆

2010年上海世博会中国馆作为世博会永久性的专题博物馆被保留下来。中国馆作为举办各类展览和活动的场所，其建筑外形极具中国特色，以大红为主题元素，斗拱造型，主体建筑雄浑有力，如花冠高耸，喻天下粮仓，地区馆寓意社泽神州，富庶四方。国家馆和地区馆的整体布局隐喻天地交泰，万物咸亨。展馆的展示以“寻觅”为主线，带领参观者行走在“东方足迹”、“寻觅之旅”、“低碳行动”三个展区，从当代切入，回顾中国三十多年来城市化的进程，凸显中国城市化的规模和成就。

上海花园洋房游

NO.1 席家花园—老洋房花园饭店—上海老站—上方花园—新康花园—爱庐

席家花园

席家花园是上海一家具有浪漫风情的餐厅，但是建筑外形非常有特色，整座建筑为德式花园别墅风格，外墙为白色，园内还有很大的草坪，绿草如茵，室内布置古朴典雅，环境优美宁静。

老洋房花园饭店

老洋房花园饭店有一种别样的气息，周围梧桐林立，环境清幽，建筑融合了海派风格和欧式情调，曾几何时，这里是杜月笙四太太的居所。如今的老洋房花园饭店，在保留了昔日老上海旖旎风情的同时，结合了欧式美学，打通了靠花园的一面墙，在原有建筑主体的基础上，设计出高挑的大厅和玻璃阳光房，整扇的落地窗，映照出户外通透的光线和花园宁静的氛围。附近是上海众多出版社的驻扎地，又为老洋房花园增添了几分文化气息。

上海老站

上海老站的建筑风格给人以恍若隔世之感。踏进侧面的小门，穹顶深邃，人们会产生走在时空隧道中的错觉。整个楼有很多扇方形窗户，外墙为白色，最顶部的建筑构件如帽子的形状，这里经营着地道的上海本帮菜。

上方花园 上方花园原名沙发花园，最初是犹太人沙发的私人花园。花园内有众多植被，枝叶茂盛，一到夏天便葱葱郁郁，清爽舒心，建筑为西班牙风格，有独立式、两户联立式、多户联立式等，栅门、窗栅、阳台、栏杆都用铸铁精制而成，室内宽敞明亮，硬木打蜡地板，各种生活设施一应俱全。

"中国会计之父"潘序伦旧居

新康花园 新康花园最初是英国人的私人花园，后来改建成公寓式花园里弄，建筑分为11幢2层的砖木结构和4幢5层混合公寓两种房屋形式。里面的单间都采用独立式设计，老一辈的艺术家赵丹、黄宗英等都曾在此居住过。

爱庐 此建筑为法式风格的二层小楼，外墙镶嵌着鹅卵石，黑白相间，楼前还有个大花园，花园中有一棵高大的雪松，还有水池、假山、花卉等，假山上有蒋介石亲笔题的"爱庐"，现在属于Sasha's西餐厅和上海音乐学院中等音乐专科学校。

NO.2 丁香花园—静安宾馆—沙逊别墅

丁香花园 这是一幢英式的花园洋房，外墙为黄色，窗柩是木质的，漆成纯净的瓦蓝，园内有一个大草坪，屋旁还种了很多树木，有芭蕉、罗汉松等，北墙上悬挂着蔡元培先生的画像。

静安宾馆 静安宾馆原名“海格公寓”，20世纪20年代建造，拥有西班牙式建筑风格的主楼和日本建筑风格的西楼，白色的外墙，红色的砖瓦，环境幽雅，楼前花园绿树成荫，环境优雅，还有花园和亭台楼阁，素有“花园宾馆”的美称。

沙逊别墅 沙逊别墅是一座英式乡村风格的尖顶花园洋房。沙逊是英国人，是上海最早的外国冒险家，他经营的时间最久，积累的财富最大，是当时的“房地产大王”。1932年，沙逊在西郊今哈密路上为自己建造了这座平面采用不规则布局、外形分割而整体相连的尖顶花园洋房。洋房屋顶很高，全部采用柚木装修，特意设计了英式的烟囱，门窗都是由从英国专门运来的木材制作的，园内充满了英国乡村风情。

上海浪漫情侣游

NO.1 南京路步行街—外滩—云南路美食街—城隍庙—豫园—绿波廊

南京路步行街 南京路步行街两旁遍布着中华老字号商店和商城，除此之外还有众多特色的建筑物，有英式、西班牙式、法式及欧洲其他国家的建筑风格，充满了异国情趣。傍晚时分，街道上的灯都亮了，灯红酒绿，显得温馨浪漫。街上还有众多有特色的小吃店，售卖各种特色饰品的店铺，小情侣可以穿梭在各种店铺间，欣赏充满流光溢彩的灯火。

外滩 外滩是来沪旅游的必到之地，周围布满了具有上海符号意义的建筑，风格各异，故有“万国建筑群”的美称。外滩毗邻黄浦江，轻风拂面，风情无限。朝霞升起，江面波光粼粼，夕阳西下，晚霞绚美，令人心旷神怡。

云南路美食街 上海云南路美食街位于延安路和西藏路交界处，紧邻人民广场中心区，这里的美食极其丰富，令人眼花缭乱，特色的小吃有粥、馄饨、面条、麻辣小虾、羊肉串，还有粉丝、米线和烤串等，尤其是麻辣风味的小吃深受年轻人的青睐。

城隍庙 城隍庙是上海最著名的景点之一，庙内主体建筑由庙前广场、大殿、元辰殿，财神殿、慈航殿、城隍殿、娘娘殿组成，红墙泥瓦，香火繁盛。香客中除了老人，还有很多年轻人，前来祈求平安幸福。路边有很多特色小吃，最著名的是南翔小笼，每逢假日，都可以看见很多人来此品尝。

豫园 豫园是上海著名的园林，位于上海老城厢东北部，北靠福佑路，东临安仁街，西南与老城隍庙、豫园商城相连，是明朝时期的私人花园，建于1559年，充分展现了中国古典园林的建筑与设计风格，是老城厢仅存的明代园林。园内楼阁林立，山石奇丽，湖光潋滟，素有“奇秀甲江南”之誉。园内有穗堂、大假假山、铁狮子、快楼、得月楼、玉玲珑、积玉水廊、听涛阁、涵碧楼、内园静观大厅、古戏台等亭台楼阁以及假山、池塘等。

绿波廊 绿波廊的建筑是中国传统式建筑风格，青瓦朱栏、飞檐翘角，与湖光楼阁相互映衬，装饰古色古香，具有浓厚的古典情调。里面经营着各式菜肴，味道地道正宗，环境幽雅浪漫。

NO.2 东方明珠—黄浦江—陆家嘴—滨江大道

东方明珠 东方明珠是上海的地标建筑，是亚洲第二高塔，塔里面可以进行广播电视发射与各种娱乐活动，并有各种景点可供人游览。站在塔的高层向下俯瞰，黄浦江的美景尽收眼底。

黄浦江 黄浦江是上海的母亲河，始于上海市青浦区朱家角镇淀峰的淀山湖，是中国上海重要的水道，长江入海之前的最后一条支流。它流经上海市区，将上海分割成浦西和浦东。黄浦江两岸荟萃了上海城市景观的精华，沿途可看到上海港国际客运站，来自世界各国的客轮鸣笛擦肩而过，顺流而下是共青森林公园、闸北发电厂的宝塔形水塔、吴淞口西炮台址，如果幸运的话，还可以看到著名的“吴淞三夹水”奇观……滔滔黄浦江水不仅是老上海风情文化的体现，也是上海历史变迁的见证。清晨，站在江边等待日出，别有一番情趣；傍晚，与恋人依偎着栏杆，静静地看着夕阳西下，格外浪漫。

陆家嘴 陆家嘴是上海的金融中心，位于浦东新区的黄浦江畔。此处坐落了100多座高楼大厦，每个建筑都极富特色，风格各异，充满了无限风情，是上海最具魅力的地方。陆家嘴的对面就是外滩，可以欣赏到万国建筑的宏伟大观。在黄浦江边，可以观赏到朝霞和夕阳的美景。

滨江大道 一条宽阔的马路，拥有清水平台、波浪造型的21组喷泉、全透明的风景观光厅，绿意盎然的草坪，环境清雅，空气清新。周围特色建筑林立，充满了浪漫的气息。

上海饕餮食客游

NO.1 老正兴—黄河路美食街—松月楼—德兴面馆—振鼎鸡

老正兴 福州路的老正兴已经是百年的老字号了，里面的菜品种类丰富，味道地道纯正，有油爆虾、草头圈子、油爆河虾、糟熘鱼片、红烧肉、鳝糊枣泥拉糕、油爆鳝丝、八宝辣酱等特色菜肴可以品尝。

黄河路美食街 这里是上海第二大美食天地，位于黄浦区的西北部、人民广场北隅，从南京路拐进，已经置身于一条新鲜味美的餐饮长廊了。这里以上海本帮菜为主，河鲜和海鲜是特色菜肴，口味比较清淡，价格实惠。街边布满了各具特色的餐馆，每家都有自己的主打菜。

松月楼 松月楼是一家老字号的素菜馆，环境很古朴，继承了城隍庙一贯的老城厢风格，是上海人吃素菜的首选地。其中，素包最受欢迎，新鲜的素包鲜香味美，皮薄馅多，口感极佳。另外，腐乳肉的味道也很不错，值得品尝。

德兴面馆 德兴面馆是上海的老字号，馆内主要经营面食，其中焖蹄二鲜面食最有特色，口感细嫩而不滑腻，鲜美的汤汁，味道很好，面也很有嚼劲。德兴面馆的浇头都是现炒的（旧称“过桥”），自然好吃。

振鼎鸡 店内的白斩鸡是招牌，鸡肉很鲜嫩，用来腌制鸡肉的酱油的味道也很好，熟鸡肉吃起来滑而细腻，很爽口。

NO.2 吴江路美食街—王家沙点心店—小杨生煎—乍浦路美食街—仙霞路休闲小吃街

吴江路美食街 这里是上海的又一条小吃街，价格超级便宜，味道并不亚于第一美食街。每到饭点，街道上就会弥漫着浓郁的菜香和饭香，牛肉烩饭、宫廷香酥牛肉饼、海南鸡饭、狮子头套餐都很美味。

王家沙点心店 王家沙是上海老字号的点心店，店内有蟹粉小笼、辣肉面、糍饭糕、萝卜丝饼等美味的点心。其中，蟹粉小笼是最有特色的，肉馅精致细滑，汤汁浓郁鲜美，口感鲜香。

小杨生煎 在上海最有名气的生煎就数小杨生煎了，里面主要经营生煎包子和生煎馒头。这里的生煎个大，皮薄馅多，其中的汤汁也是小杨生煎独家秘制的，特别是刚出锅的生煎，皮脆馅香，味道非常可口。

乍浦路美食街 这里周围布满了店铺，如药店、杂货店、超市、发廊、花店、水果店，还有服装店等。除此之外，街上还聚集了风味各异的餐馆和饭店。夜晚的乍浦路是最热闹的，有逛街的，吃夜宵的，人来人往，络绎不绝。

仙霞路休闲小吃街 街道不长，但是汇集了100多家餐馆，日式料理、韩式料理、台湾菜、东南亚菜等应有尽有，味道鲜香，口感舒爽，还有中国不同口味的火锅。这里的环境雅致，空气清新，晚上非常热闹。

Bourbon Street

B 10宗最

021-039

上海10大最特色商业街

1 福州路文化街 Fu Zhou Lu Wen Hua Jie

推荐星级：★★★

福州路文化街被誉为“中华文化第一街”，现在这里共有逾百户各类商业网点，如：上海书城、古籍书店、外文书店、科技书店等著名的专业书店。除此之外，这里还汇聚了众多的文化用品书店、出版社门市部等，其中经营办公用品的商店有汇丰纸行、长征测绘仪器商店、上海纸品商店等；经营文化用品的有杨振华笔庄、百新文化用品公司、美丽华文具公司、上海美术用品商店等。

2 东台路古玩街 Dong Tai Lu Gu Wan Jie

推荐星级：★★★

东台路古玩街两边有鳞次栉比的古玩店，店内装修古色古香，店中的古玩琳琅满目，各式古玩无奇不有，如铜镜古鼎，名瓷美玉，更奇的是还有三寸金莲的绣花鞋，婴儿戴的老虎帽，古代秀才赶考用的提篮等。另外，还有古钟古表、老旧生锈的打字机 、大喇叭的留声机，清代康熙、雍正、乾隆年间的瓷器和古玩字画，这里是爱好古玩人们的常来之地，也深受上海人亲睐。

3 多伦路文化名人街 Duo Lun Lu Wen Hua Ming Ren Jie

推荐星级：★★★★★

多伦路文化名人街是上海的一条小街，街短而窄，路曲且幽。夹街小楼，鳞次栉比，建筑风格各异。这条街留下了众多名人的足迹，如鲁迅、茅盾、郭沫若、叶圣陶等文学巨匠，还有丁玲、柔石等左联作家。除此之外，众多闻名遐迩的建筑物也坐落于此，如:鸿德堂、孔公馆、白公馆、汤公馆等，这些都使多伦路富有浓厚的文化气息，让人流连忘返。

4 北京东路生产资料街 Bei Jing Dong Lu Sheng Chan Zi Liao Jie

推荐星级：★★★★★

北京东路生产资料街是一条长2439m的特色街道，从北京东路到外滩至成都北路，主要经营生产资料。1993年后，北京路生产资料街进行产业结构调整，沿着支马路向周边延伸扩张，形成以北京路为主，南到天津路，北到苏州河的非字块状结构的经营生产资料的大商圈，是上海市经营生产资料最集中、规模最大的地区之一。

5 茂名南路文化休闲街 Mao Ming Nan Lu Wen Hua Xiu Xian Jie

推荐星级：★★★★

茂名南路文化休闲街经过淮海中路、复兴公园,周边小区较多，如瑞金路新里、长乐路花园洋房、陕西南路公寓、世家小区、嘉嘉大楼、花园洋房等,并且建筑风格各异，逛街购物也非常便利，如古今内衣、丽古龙、金枝玉叶旗袍店、米兰坊等众多店，餐饮店也鳞次栉比，如：唐宫壹号、兰心餐厅、净心轩素食、王品台塑牛排等。

6 黄河路美食休闲街 Huang He Lu Mei Shi Xiu Xian Jie

推荐星级：★★★★

从南京路拐进，就会感觉进入了一条森林之路，高大密集的餐馆门牌在向你频频招手，似乎在告诉你，你已经进入了一条新鲜味美的餐食长廊。这里大多为上海菜和海鲜楼，也有川菜、湘菜、贵州菜等，许多店面都是上海弄堂美食的形式。黄河路上美食店的门面都比较小，但里面别有洞天，金碧辉煌，这里的招牌菜有：红烧肉、菠萝色拉、玉米汁、八宝年糕、蟹粉豆腐、焗盐鸡等。

7 乍浦路美食街 Zha Pu Lu Mei Shi Jie

推荐星级：★★★

乍浦路美食街现有特色饭店及酒楼50多家，这里除了经营餐食外，还有影视城、舞厅、旅馆、桑拿、鲜花市、服装店等，是一条集餐饮、文化、娱乐、住宿、购物于一体的美食街。周边还有著名的百老汇大厦、景灵堂以及上海邮政设计研究院大楼、中国太平洋保险公司大楼、签证中心等高层建筑等。街上的美食富有上海本地特色，味道正宗地道。

8 七浦路服饰街 Qi Pu Lu Fu Shi Jie

推荐星级：★★★★★

七浦路服饰街是上海最大的服装批发市场，以经营低价位服装为主。有部分个体商户在街边卖牛仔裤，并播放流行音乐以招揽客源。而山西北路人流相对较少，一般经营成熟女性服饰、套装等。这里还有很多小店，里面的衣、裤、鞋、袜、裙子、内衣，以及腰带等配饰应有尽有，售出的物品比一般商店的便宜一半以上。

9 衡山路休闲娱乐街 Heng Shan Lu Xiu Xian Yu Le Jie

推荐星级：★★★★★

衡山路休闲娱乐街是上海的十大特色商业街之一，街上植满了梧桐树，每逢夏季，树木枝叶繁茂，环境幽雅宁静。现在街上有商业网点百余家，主要有酒吧、餐厅、茶坊，还有服饰店、商场等。其中，有茶吧“哈鲁”、“萨莎”等，花吧“捷艺”等，书吧“耕读园”等，咖啡吧“索列”等，布吧“原色艺术”等，还有中国第一家越南菜馆“越南西贡餐厅”，日本料理“缘禄寿司”，德式餐厅“运通豪士餐厅”，泰式餐厅“天泰餐厅”，意大利餐厅“沙华多利”以及“香樟花园”、“席家花园”等。娱乐活动除了“欧登”保龄球外，还有“富豪东亚国际网球中心”网球场、室内高尔夫、游泳场等。

10 云南路美食街 Yun Nan Lu Mei Shi Jie

推荐星级：★★★★

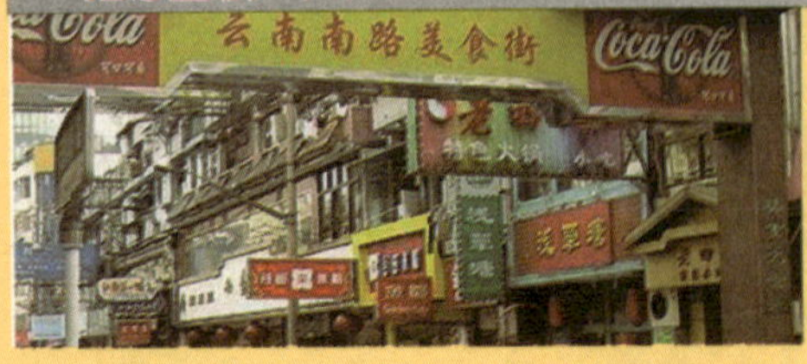

云南路美食街以小吃排档为主，有串烤、面条、馄饨、莲心汤、春卷、小笼包等数十种风味小吃。这里代表性的店家有长安饺子楼、金陵酒家、三和楼菜馆、老正兴菜馆、小绍兴、鲜得来，以及小金陵、大壶春、成昌圆子店等老字号餐饮品牌。

上海10大最经典剧场音乐厅

1 上海话剧中心 Shang Hai Hua Ju Zhong Xin

推荐星级：★★★★

上海话剧中心先后上演过莎士比亚、莫里哀、大仲马、小仲马、契柯夫、布莱希特、萨特等人的名著及众多反映现实生活的优秀作品300余部。剧院内除传统的剧场演出外，还有探索环境戏剧、小剧场戏剧、广场戏剧等各种风格形式的演出，从中涌现了一批具有很高艺术造诣的戏剧家、导演、演员和舞台美术家，多次获得上海市乃至全国的戏剧、电影、电视各项大奖，获奖者多达百余人次。在此演出的剧目深受广大群众的欢迎和亲睐。

2 艺海剧院 Yi Hai Ju Yuan

推荐星级：★★★

艺海剧院位于静安区，是一座大型的现代化艺术剧院。剧院共8层，内部设有练功房、会议室等。这里长年有各种演出，如芭蕾、戏曲、话剧、室内音乐等，曾举办过黄豆豆舞蹈专场，上海越剧院青春版越剧《红楼梦》，莫斯科芭蕾舞蹈剧《天鹅湖》，还有音乐会等，节目类型多样，种类丰富，灯光等设备也是一流的。

3 上海大剧院 Shang Hai Da Ju Yuan

推荐星级：★★★★★

上海大剧院已成功上演过歌剧、音乐剧、芭蕾、交响乐、室内乐、话剧、戏曲等各类大型演出和综艺晚会，在国内外享有很高的知名度，许多国家领导人和外国政要、国际知名人士光临大剧院后，给予了高度评价，认为上海大剧院是建筑与艺术的完美结晶。大剧院的建筑风格非常新颖别致，白色弧形拱顶和具有光感的玻璃幕墙有机结合，在灯光的烘托下，宛如一个水晶般的宫殿，显得高雅圣洁。馆内还有大型的水晶吊灯，地面采用举世罕见的希腊水晶白大理石，图案形似琴键，白色巨型的大理石柱子和两边的台阶极富节奏感，让人一走进大堂就仿佛置身于一个音乐的世界。

4 东方艺术中心 Dong Fang Yi Shu Zhong Xin

推荐星级：★★★★★

东方艺术中心由1953座东方音乐厅、1020座东方歌剧厅和333座东方演奏厅组成。拥有当今国际上最先进的舞台、音响、灯光设备，可以满足交响乐、芭蕾、音乐剧、歌剧、戏剧等不同演出需要。其建筑外表独具特色，采用的是金属夹层玻璃幕墙，内墙装饰特制的陶瓷挂件。从高处俯瞰，五个半球体依次为：正厅入口、东方演奏厅、东方音乐厅、展览厅、东方歌剧厅。内部布置多盏嵌入式顶灯，当美妙的旋律在音乐厅奏响时，灯光会随旋律起伏变幻，将夜色中的东方艺术中心变得璀璨奇异、充满动感。

5 上海马戏城 Shang Hai Ma Xi Cheng

推荐星级：★★★★

上海马戏城由杂技场、排练辅助房、娱乐城、兽房、演员接待中心五大部分组成，是以杂技、马戏表演为主体，集文化、体育、娱乐为一体的综合娱乐艺术场所，有“中国马戏第一城”的美誉。其建筑造型独特，有金灿灿的穹型屋顶。在此举行过众多大型的演绎项目，如上海国际魔术节暨国际魔术比赛、国内金奖杂技比赛、俄罗斯冰上马戏、国家舞台精品工程剧目《依依山水情》等。

6 上海音乐厅 Shang Hai Yin Yue Ting

推荐星级：★★★★

上海音乐厅由华人建筑师范文照设计，是上海少有的欧洲传统风格。特色是观众厅的构图简洁规范，复杂又不显零乱，富有层次变化，色彩庄重淡雅，与其演绎的古典音乐有着惊人的统一。这里曾有众多国内外有名的艺术家在此演奏过，如著名的小提琴家斯特恩、阿卡多、祖克尔曼；钢琴家拉罗查、傅聪、殷承忠；还有费城交响乐团的室内乐团、香港管弦乐团、中国交响乐团等。

7 逸夫舞台 Yi Fu Wu Tai

推荐星级：★★★★★

现在的逸夫舞台设备先进、装饰典雅。观众由自动扶梯进入文化气息浓郁的休息厅。场内设观众席928个，有包厢9间，都采用国际最先进的灯光和音响设备。四大名旦梅兰芳、程砚秋、尚小云、荀慧生；四大须生谭富英、马连良、杨宝森、奚啸伯等众多名家都曾在此献过艺。梨园界有“不进天蟾不成名”的美谈，其兴旺景象堪称沪上一大景观。

8 兰心大戏院 Lan Xin Da Xi Yuan

推荐星级：★★★★

兰心大戏院是中国最早的欧式剧场。大戏院的建筑为典雅欧式风格，木质结构。清同治六年（1867年）3月，英侨集资在诺门路圆明园路口创建。清光绪三十三年（1907年），由春阳社首次公演话剧（时称新剧）《黑奴吁天录》，民国19年（1930年）迁建现址。戏院内部设置装修豪华大气，当时在上海滩独领风骚。解放后，中国主要领导人和外国元首多次莅临剧场观看演出。另外，这里接待过的各国友人、海外华人不计其数，兰心以名副其实的演出精品剧场享誉全国。

9 美琪大戏院 Mei Qi Da Xi Yuan

推荐星级：★★★★

美琪大戏院由范文照建筑师设计，是二层钢筋混凝土框架结构。戏院共1597个座位，改建后的戏院成为全市以歌剧舞剧为主的大型综合性演出场。同时也是接待世界各国表演艺术团体来沪演出的重要场所。中央歌剧院、北京人民艺术剧院及各省大型团体先后来此演出；上海歌剧院多部歌剧、舞剧首演于此。大戏院上演过很多经典的剧目，如《芦荡火种》、《沙家浜》等，梅兰芳也曾在此演出过。

10 百乐门舞厅 Bai Yue Men Wu Ting

推荐星级：★★★★

百乐门舞厅是上海一个历史悠久的综合性娱乐场所，该娱乐场于1933年正式对外营业，曾一度是新中国成立前夜上海的核心地带，吸引了无数社会名流。大舞台的建筑采用20世纪30年代国际流行的装饰艺术。

上海10大最繁华商业中心

1 南京东路步行街 Nan Jing Dong Lu Bu Xing Jie

推荐星级：★★★★★

南京东路步行街上的英商福利洋行林立，沿街聚集了大批综合性商行，餐厅饭馆茶坊不胜其数，大型综合型商场多如牛毛，娱乐场所众多。街周围的建筑物风格各异，是来沪旅游的必到之地。

2 南京西路商业街 Nan Jing Xi Lu Shang Ye Jie

推荐星级：★★★★★

南京路被称为“中华商业第一街”，其中南京西路是闻名遐迩的上海“十里长街”的西半段，跨黄浦区、静安区。街上有恒隆广场、中信泰富、梅龙镇并形成“金三角”与会德丰广场、越洋广场、嘉里二期等组成的“金五星”交相辉映。同时还坐落了众多名牌商店，汇全区商业之精华。静安南京西路商圈所聚集的知名品牌高达1200个，国际品牌就有750多个，而且国际上8成的顶级品牌都在这里开有旗舰店或专卖店，因而南京西路是当今沪上最高档的购物场所。

3 淮海中路商业街 Huai Hai Zhong Lu Shang Ye Jie

推荐星级：★★★★★

淮海中路商业街是上海最繁华的商业街之一。它与“中华第一街”南京路齐名，是上海公认的最美丽、最摩登、最有“腔调”和情调的一条街。现代化建筑林立，时尚名品荟萃，紧随世界潮流。温馨典雅的购物环境、众多餐饮娱乐名店以及优越的酒店服务为淮海中路商圈增色不少。以高雅浪漫著称的百年淮海路，是一个众人眼中华贵雍容的购物天堂。

4 四川北路商业街 Si Chuan Bei Lu Shang Ye Jie

推荐星级：★★★★

四川北路是上海虹口区的一条南北向街道，全长3.7km。以武进路为界，南段和中、北段分属于乍浦路街道和四川北路街道。这里有跳舞场、影戏院、粤菜馆、粤茶楼、日本菜馆、浴室、美容院，星罗棋布，全上海除南京路、福州路以外，以北四川路最繁盛。现今已成为上海一条独具特色的“面向工薪阶层的商业大街”，被认为是仅次于南京路和淮海路的第三大商业街。

5 徐家汇商圈 Xu Jia Hui Shang Quan

推荐星级：★★★★

徐家汇商圈汇集了国际甲级办公楼、五星级饭店、特色酒店、国际化时尚特色商业、文化等多样化功能，并通过道路沿线绿化、小型广场以及人文和建筑景观，将各公共空间连成整体。并且这里还有上海第一家高档百货东方商厦、第一条酒吧休闲街衡山路、第一个云集各类IT数码产品的数字商圈。聚集了众多的大型购物商城，如东方商厦、港汇广场、太平洋百货、第六百货、汇金百货。

6 五角场商圈 Wu Jiao Chang Shang Quan

推荐星级：★★★★

五角场商圈是上海十大商业中心之一，和徐家汇、四川北路、淮海路、中山公园等商业中心齐名，是北上海旗舰型高端商业中心。五角场并不是单一的大上海商业副中心，而是和复旦、同济、财大、上海体院等高校相结合，形成校区、知识产业园区、现代生活区和商业区融为一体，相互呼应发展的综合模式化城市副中心。随着现代化商业设施、交通、大学、生态的不断发展，五角场地区的整体优势已经凸显，未来它的发展潜力必将超过徐家汇，成为上海新的“上只角”。

7 豫园商圈 Yu Yuan Shang Quan

推荐星级：★★★

豫园位于黄浦区，是明朝时期的私人花园，建于1559年，充分展现了中国古典园林的建筑与设计风格。如今，它已经成为到上海观光的国内外游客常去的游览胜地。园内有1853年小刀会起义的指挥所点春堂，还有江南三大名石之称的玉玲珑。园旁边有城隍庙及商店街等游客景点，附近有多家著名食店，包括以小笼包著名的南翔馒头店、绿波廊及上海老饭店，故豫园是上海的十大商业圈之一。

8 中山公园商圈 Zhong Shan Gong Yuan Shang Quan

推荐星级：★★★★★

中山公园商圈以中山公园为核心，建成了大片绿地和集中城市标志性高层建筑，并集聚了一批大型百货商场、主体商厦、大卖场、室内商业街和饭店、星级酒店、酒店式公寓。中山公园商圈有独特的开放式结构，新建了诸多高档住宅小区，成为上海又一个商业圈。

9 浦东新上海商业城商圈 Pu Dong Xin Shang Hai Shang Ye Cheng Shang Quan

推荐星级：★★★★★

浦东新上海商业城商圈东起崂山东路、西至浦东南路、北起商城路、南至张扬路的区域，包括第一八佰伴、华润时代广场、三鑫世界商厦、华诚商厦、福兴大厦、福使达大厦、银峰商厦、新亚汤臣大酒店、鑫联广场、银河大厦、胜康斯米克大厦、胜康廖氏大厦、乐凯大厦、良友大厦、内外联大厦、远东商厦、联合广场、华申大厦、新大陆广场19幢单体楼宇及商厦。并且这里集购物、餐饮、娱乐、休闲、旅游观光和商务活动于一体，逐步建成环境优雅、服务一流，具有现代化、多元化、时尚性、综合性的上海著名的商业中心，将成为上海的“购物天堂”之一。

10 新客站不夜城 Xin Ke Zhan Bu Ye Cheng

推荐星级：★★★★

新客站不夜城位于闸北区西南端，南起苏州河，北至中兴路，东起大统路，西临苏州河，总面积1.42km^2。其所在地区是旧上海遗留的危棚简屋最集中的地区。建成的包括现在的太平洋百货站前店、新亚广场大酒店等数十幢现代化商业设施，使以往上海最大的棚户区，变成了集商业、贸易、金融、信息、旅游、办公和居住为一体的庞大建筑群，形成了以多层次的商业网络、集聚式的商务体系、便捷的交通枢纽、舒适的居住小区和丰富的娱乐中心为特点的新城区，成为上海北部地区一个重要的市级商业中心。

上海10大最文艺小资地带

1 思南路的古董花园 Si Nan Lu De Gu Dong Hua yuan

推荐星级：★★★★

古董花园餐厅位于思南路近香山路，主要经营古董家具，客人在欣赏或购买家具的同时，还可以喝咖啡以及品尝一些小点心，并且点心都是自己制作的，味道还不错。如果累了还可以在此小憩，店内还有无线网，可以品尝香茗和新鲜烘培的饼干，静心欣赏这条底蕴浓厚的思南路和来往的路人，感受阳光和细雨，及夜幕降临和华灯初上。

2 田子坊 Tian Zi Fang

推荐星级：★★★★★

田子坊散发着浓郁的里弄民居味道，弄堂里有众多的创意店铺、画廊和摄影展，最多的就是各种各样的咖啡馆。在闲散的下午，弄堂里的习习凉风，明媚的阳光，空气中满是慵懒的咖啡香味，真有“偷得浮生半日闲”的意境。

3 武康新里 Wu Kang Xin Li

推荐星级：★★★★

武康新里是上海仪表局的办公楼，里边进驻了一些公司、工作室，还有供给游人休闲的咖啡吧、餐厅、服饰店等。咖啡厅的人气很旺，环境也非常优雅，经常人满为患，客人以外国人居多。除此之外，还有时尚的女装小店及国际顶级品牌护理品店。

4 静安别墅 Jing An Bie Shu

推荐星级：★★★★★

静安别墅是上海最大的新式里弄住宅群，该地曾是潮州会馆基地，其中的马厩是英国人的养马场所。这里也曾居住过蔡元培、孔祥熙、于右任等知名人士。迄今为止，静安别墅保留了183幢房屋。在这里抬头望天时，还会看到保留完好的墙面浮雕、西式小阳台、黑色铸铁窗棂，楼与楼之间宽敞的公共空间绿意葱茏，这些正是咖啡馆、画廊等的理想生活场所。咖啡、丝袜奶茶和小馄饨让游客在品味的同时感受老上海的情调。

5 千彩书坊 Qian Cai Shu Fang

推荐星级：★★★★★

千彩书坊外带小花园，布置有干净的藤制桌椅，给人一片繁世的休闲之风。庭院是建筑师见缝插针的产物，小小几张桌台局促而谙熟人情。里面的书架边有张爱玲的照片。店内风格很统一，墙纸、钟摆、电话、老式留声机里的旧上海名曲，还有从西侧角落小瀑布的潺潺水声很好地融合在一起，让人在咖啡味中体会放松。

6 家庭厨房 Jia Ting Chu Fang

推荐星级：★★★★★

家庭厨房整体风格清新雅致，环境干净整洁，餐桌以供两人到六人就餐的小方桌和小圆桌为主，大餐桌为辅。主要是将家常便饭清新爽口的风格，通过精致的家庭美味菜式吸引人，从而得到人们的青睐。

7 老麦咖啡馆 Lao Mai Ka Fei Guan

推荐星级：★★★★

老麦咖啡馆建筑是绿色的木质小门，绿色的木窗，衬着里面透出的隐隐灯光，这就是“老麦”与众不同的地方。屋子的角落摆满了各种杂货，处处透着小情小调，还有一整排书架，各式书籍琳琅满目。游客伴着咖啡香和店内柔和的音乐声静静地享受着。

8 宋芳茶馆 Song Fang Cha Guan

推荐星级：★★★★

宋芳茶馆是一家独具特色的茶馆，白色的小房子，藏在一片民居里。店内茶的品种很多，茶馆的环境很具特色，独辟蹊径地采用了怀旧题材，营造出一股浓郁的休闲气息。

9 渡口书店 Du Kou Shu Dian

推荐星级：★★★★

书店空间虽小，但摆设颇为错落，杂志和设计类书籍摆放在迎门的书架上，里面不乏有很多著名的杂志，如《诚品好读》、《号外》、《O2》等市面上难以见到的。店内书籍的质量颇好，种类齐全，有建筑、文学、历史类等。

10 蒲蒲兰绘本馆 Pu Pu Lan Hui Ben Guan

推荐星级：★★★★

蒲蒲兰绘本馆的店面很小，但装修得很精致，售卖的书籍以“国外绘本”为主，现有3000余种绘本，还有儿童读物。店内的环境比较舒适，还可以办会员卡。店员自制的tips能让已经长大的人找到童年单纯美好的回忆。

上海10大最浪漫潮地

1 新外滩 Xin Wai Tan

推荐星级：★★★★

外滩毗邻黄浦江畔，又名中山东一路。东临黄浦江，西面是哥特式、罗马式、巴洛克式、中西合璧式等52幢风格各异的大楼，被称为“万国建筑博览群”。它是上海一道亮丽的风景线，每逢夏季，站在江边微风拂面，感觉很舒服，是到上海观光游客的必到之地。

2 苏州河 Su Zhou He

推荐星级：★★★★★

苏州河是吴淞江进入上海市区段的俗称，属于太湖水系。上海开埠前，苏州河一直叫吴淞江，只是上海开埠后，由于外国人发现可以乘船从这条河到苏州，所以叫它苏州河。两岸林立着英国领事馆、礼查饭店、百老汇大厦、文汇博物院、新天安堂、光陆大戏院、公济医院大档、邮政局大楼、圣约翰书院（后为圣约翰大学）等建筑，使苏州河成为上海工业化和都市化的象征。

3 1933老场坊 1993 Lao Chang Fang

推荐星级：★★★★

1933上海老场坊被周家嘴路、溧阳路、海宁路、海伦路、武进路所环绕，并与北外滩遥呼相望。阳光从大剧院顶棚的玻璃窗照射进来，半阴半亮，使内部空间充满神秘而幽深之感。整个建筑高低错落，廊道盘旋，宛如迷宫，却又次序分明，整个建筑采用英国进口的混凝土结构，两层墙壁中间采用中空形式，在炎热的夏天可以保持清凉的感觉。

4 衡山路 Heng Shan Lu

推荐星级：★★★★

衡山路幽静中却又不失文化的韵味，细细品味更让人留恋往返。还有风格迥异的建筑，各类休闲酒吧与特色小店更给衡山路蒙上浓浓的格调气质。

5 创智天地 Chuang Zhi Tian Di

推荐星级：★★★★

创智天地毗邻五角场商圈及江湾体育场，周边有复旦、同济、财大等知名大学。附近有万达商业广场、百联又一城、大西洋百货、巴黎春天等综合性商场。

6 16铺码头 16 Pu Ma Tou

推荐星级：★★★★★

十六铺码头拥有150年历史，是上海外滩最著名的码头。曾是远东最大的码头、上海的水上门户。现今的16铺码头除了是黄浦江水上旅游中心外，还有公共滨江绿地、大型停车库及设有众多各式的餐厅。

7 义品村 Yi Pin Cun

推荐星级：★★★★★

义品村住宅屋顶为红瓦双坡面，外墙采用集卵石、清水砖、黄色的水泥拉毛装饰等为一体。现在那里已有二十多家店铺陆续开张，譬如著名艺术收藏家施养德夫妇的龙门雅集画廊，以及拥有多年花卉展览经验的蒲蒂花廊等。这里少了些弄堂间的市井气，更多些西式的摩登感觉。

8 周公馆区 Zhou Gong Guan Qu

推荐星级：★★★★★

周公馆是一幢西式花园别墅，是当年中国共产党代表团驻沪办事处，这里原为法国在华商人所有。这里有原样摆设的周恩来、董必武卧室等部分室内和陈列室，周围环境幽雅宁静。

9 香樟花园 Xiang Zhang Hua Yuan

推荐星级：★★★★

衡山路上的香樟花园被誉为上海最有气质的咖啡馆。临街的一面拥有明亮通透的开放式玻璃窗，坐在那里可以静静地享受下午的宁静，并且环境非常清幽。店中有一棵古老的香樟树，无论喝咖啡还是坐在庭院中四季皆绿的树下小酌一杯，都会令你感叹，再悠闲的生活也不过如此。这里供应各种红茶、咖啡、美食让人在音乐氛围享受生活的美好！

10 汉源书屋 Han Yuan Shu Wu

推荐星级：★★★★★

书屋内有各式的书籍及画册，透露出一番古朴和厚重的面貌，各式古匾挂于四周墙壁；古朴的桌椅靠着落地玻璃窗整齐摆放，穿过玻璃屋顶洒落下来的阳光则使安静的书屋多了几分浪漫气息；烛台、瓷瓶、摆钟……堆放在古色古香的供桌上。书屋里面的环境非常优雅，还有咖啡屋，其中咖啡的品种非常多，有传统的意式咖啡、艾斯帕索、卡帕奇诺，不仅好看，味道也一流。当然汉源还提供了各种特色的餐点。

上海10大最怀旧老教堂

1 徐家汇天主教堂 Xu Jia Hui Tian Zhu Jiao Tang

推荐星级：★★★★★

它是上海最大的天主教堂。整体建筑为红色的砖墙，青灰色的石板瓦顶，两座钟楼南北对峙，高耸入云。建筑是哥特式建筑风格。教堂内有白色的石柱耸立，门上镶嵌着彩色玻璃，造型美观、工艺精湛，气势宏伟，可谓教堂中的典范。

2 董家渡天主教堂 Dong Jia Du Tian Zhu Jiao Tang

推荐星级：★★★★

董家渡天主教堂正立面为三段式。门旁有砖砌的中国式对联，墙面正中嵌入一只圆形大时钟，其上两端各耸立一座钟楼，整体建筑非常有特色，典型巴洛克气质的卷涡式样，顶上还有一个铁十字架。内部是拱顶，天花板是青绿藻井图案构成的，墙面高处还有精美浮雕。浮雕的花型有莲、鹤、葫芦、宝剑、双钱等。

3 国际礼拜堂 Guo Ji Li Bai Tang

推荐星级：★★★★

国际礼拜堂属于基督教教堂，礼拜堂为红砖结构，大堂屋面两坡陡峭，铺盖石板瓦，堂内还有祭台，祭台两侧为二层廊式楼厅。主体建筑为德国的仿哥特式教堂建筑。最有特色的是堂内保持了优美圣乐的传统，现拥有一支60人的圣乐团，除了星期天的礼拜中献唱和平的音乐崇拜外，每逢圣诞节和复活节都举行盛大的音乐崇拜。

4 沐恩堂 Mu En Tang

沐恩堂属于基督教美国卫理斯教派。整体的建筑外观是美国学院复兴哥特式风格，砖木结构。大堂西南角有塔楼地座，塔楼顶部安装着5m高的霓虹灯十字架，夜光下分外夺目，又是一道亮丽的风景线。

5 东正大教堂 Dong Zheng Da Jiao Tang

推荐星级：★★★★★

东正大教堂建于1931年，大教堂的外观造型古朴圆浑，屋顶有5个鼓形穹顶，为孔雀蓝色，墙面是奶白色，整体的建筑为古俄罗斯风格，教堂在苍穹下显得格外壮丽。

6 怀恩堂 Huai En Tang

推荐星级：★★★★

怀恩堂是上海一所知名的基督教堂，现有一座二层红砖楼房，在教堂的东南角有一高耸的钟楼，另设小教堂，大堂的礼拜实况用闭路电话传播到各小礼堂。怀恩堂于1955年并入中国灵修神学院。

7 佘山天主教堂 She Shan Tian Zhu Jiao Tang

推荐星级：★★★★

佘山天主教堂被誉为远东第二大教堂，教堂的整体建筑风格是欧洲巴洛克风格与希腊式、罗马式、哥特式建筑风格相融合，但部分采用中国传统建筑风格。大殿正祭台由大理石砌成，窗户部分镶嵌的是五彩玻璃，顶部盖以碧色的琉璃瓦，还有高耸的钟楼及紫铜铸成的圣母像，从山脚到山顶的曲折小路上有14座苦路亭，并且每亭中有一幅耶稣受难浮雕，还有3座圣堂和一个中堂。天主教堂与山融为一体，轮廓清晰自然，在阳光的照耀下，显得更加美丽壮观。

8 鸿德堂 Hong De Tang

推荐星级：★★★★★

鸿德堂是一座基督教新教教堂，建筑外形是一座青砖砌筑，重檐四方攒尖顶的钟楼、青砖外墙、仿木结构的红色列柱和彩绘建筑，同时也是上海现存的唯一具有中国传统风格的基督教堂，现已被称为上海“近现代优秀建筑”。

9 圣三一堂 Sheng San Yi Tang

推荐星级：★★★★

圣三一堂俗称“红礼拜堂”，是上海早期最大最华丽的基督教堂。外观是一座红砖砌筑的建筑物，室内外均为清水红砖墙面，在其左侧有一座高耸的钟楼，钟楼为四方形平面，尖椎形屋顶，四角有4个小尖顶。钟楼内安置了八音大钟，能按照圣诗的音韵敲打。整体外观的风格为哥特式。现其附属建筑作为中国基督教两会所在地。

10 新天安堂 Xin Tian An Tang

推荐星级：★★★★★

新天安堂是上海一座已经废弃多年的老教堂，教堂的中部有一座高达33m的钟塔，在其东西两侧各有一个礼拜堂，因此教堂的总体平面呈双十字结构。教堂的外墙系青砖和红砖相间砌筑，整体建筑风格为哥特复兴式。现在钟楼只剩下残缺的底部，西侧的礼拜堂早被拆毁，东侧的礼拜堂也在2007年的火灾中烧毁，只剩下四面的墙壁和烧黑的屋架。

HAPPY NEW YEAR
東方商廈
SHOPPING CENTRE
WORLD GIFTS FESTIVAL

C 上海潮游热地

041-211

黄浦区

Huangpuqu

黄浦区位于上海市中心，是上海的行政文化中心，有上海大剧院、上海博物馆、上海自然博物馆、上海美术馆等著名文化设施，以及大世界游乐中心，即中国剧场、人民大舞台、共舞台、逸夫舞台等“上海四大剧场”。目前已经与卢湾区合并为新的黄浦区。

外滩 | 上海的名片、万国建筑博览群

Wai Tan　　推荐星级★★★★★

外滩位于黄浦江畔，是上海一道亮丽的风景线，四周还有东方明珠、金贸大厦等地标景观，是上海观光的必到之地。外滩全长约1.5km，它南起延安东路，北至苏州河上的外白渡桥，东临黄浦江，西面是由哥特式、罗马式、巴洛克式、中西合璧式等52幢风格迥异的古典复兴大楼所组成的旧上海时期的金融中心、外贸机构的集中带，被誉为“万国建筑博览群”，尽显“远东华尔街”的风采。

小贴士 TIP

- 上海黄浦区中山东一路、中山东二路
- 乘地铁2号线和10号线在南京东路站下；乘坐928、42路在中山东一路汉口路站下车

人民广场 | 上海城市中心广场

Ren Min Guang Chang　　推荐星级★★★★

人民广场位于黄浦区，是上海最重要的地标之一，也是一个融行政、文化、交通、商业为一体的园林式广场，被誉为“城市绿肺”。这里绿树成荫，建筑精美，层次感很强。

小贴士 TIP

- 上海黄浦区人民大道西藏中路
- 乘地铁1号线、2号线和8号线在人民广场站下；乘坐802、544、930路在人民广场站下车即可

人民公园 | 城市中心的公园

Ren Min Gong Yuan　　推荐星级★★★★

人民公园东临21世纪展示馆、南京路步行街；西接大剧院；北与国际饭店、新世界商厦相望；南接人民广场。公园幽雅宁静，树木以花灌木为主，公园的东部多为西式园林格局，西部为中式园林格局，内部有桥，桥下水流潺潺，景色十分迷人。

小贴士 TIP

- 上海黄浦区南京西路75号人民公园内
- 乘地铁1号线、2号线和8号线在人民广场站下；乘坐930、584、802路在人民广场站下车即可

上海博物馆 国家级大型博物馆

Shang Hai Bo Wu Guan 推荐星级★★★★★

上海博物馆位于黄浦区人民大道201号，处于城市中心最繁华的地带。上海博物馆是一座大型的中国古代艺术博物馆，馆藏珍贵文物12万件，其中以青铜器、陶瓷器、书法、绘画为特色。藏品丰富、质量精湛，在国内外享有盛誉。博物馆的造型独特，方形的基座和巨型的圆顶与拱形结合，形如中国古代的青铜器，典雅浓重，内蕴丰厚。

小贴士 TIP

- 上海黄浦区人民大道201号
- 乘地铁1号线、2号线和8号线在人民广场站下；乘坐802、584路在人民广场站下车即可
- 021-63723500　门票 免费　营业时间 9:00～17:00

上海自然博物馆 中国最具综合性的自然博物馆之一

Shang Hai Zi Ran Bo Wu Guan 推荐星级★★★★

上海自然博物馆位于黄浦区延安东路，是中国最大的自然博物馆之一。馆的外形建筑具有英国式建筑风格。馆内展览的学科丰富，有古生物学、植物学、动物学、人类学、地质学、天文学多种自然科学。博物馆不仅是展览自然科学的基地，还是学术交流、科学研究的重要基地。

小贴士 TIP

- 上海黄浦区延安东路260号
- 乘929、127路在延安东路站下车即可
- 开放时间 9:00～17:00(周二至周日,周一闭馆)
- 021-63213548

沐恩堂 最美的哥特式基督教堂

Mu En Tang 推荐星级★★★★★

沐恩堂位于西藏中路九江路口，面对人民广场。其前身是美国教会监理公会设的监理会堂，建于清光绪十三年。沐恩堂的建筑外观是美国学院复兴哥特式，整体建筑古朴典雅，雄伟大气，此外，大堂西南角有塔楼地座。塔楼顶部安装了5m高的霓虹灯十字架，夜光下分外夺目，成为人民广场的一大景观。

小贴士 TIP

- 上海黄浦区西藏中路316号
- 乘地铁1号线、2号线和8号线在人民广场站下；乘坐802、584路在人民广场站下车即可　021-63225069

上海城市规划展示馆 | 最小化地展示上海的风貌

Shang Hai Cheng Shi Gui Hua Zhan Shi Guan　推荐星级★★★★

上海城市规划展示馆的规模在世界同类展馆中是首屈一指的。以“城市、人、环境、发展”作为主题，浓缩了上海城市规划和建设的昨天、今天与明天，重点突出未来20年的发展规划。且将传统与现代相结合，突出运用高科技，体现综合、开放、公众参与的特点。有“观光休闲廊”、“上海1930风情街”的美称，还设有饭店、茶庄，很值得到此参观旅游。

小贴士 TIP

上海黄浦区人民大道100号

乘地铁1号线、2号线在人民广场站下；乘地铁8号线在大世界站下；乘坐684、802路在人民广场站下车即可　021-63184477　门票 30元

上海美术馆 | 藏品最丰富的美术馆

Shang Hai Mei Shu Guan　推荐星级★★★★★

上海美术馆位于南京西路，背靠人民广场与上海博物馆、上海大剧院、上海城市规划展示馆，与人民公园毗邻，是一座设施先进、在国内外具有一定影响的近现代美术博物馆。美术馆为英式建筑风格，外墙是用咖啡色的面砖和乳白色的石块交相辉映砌成的。馆内藏品十分丰富，还有很多现代著名画家的作品及具有地方特色的油画、版画、连环画、年画等作品。

小贴士 TIP

上海黄浦区南京西路325号　021-63272829

乘地铁1号线、2号线和8号线在人民广场站下；乘坐930、802、584路在人民广场站下车即可

开放时间 9:00～17:00　门票 成人20元，学生5元

杜莎夫人蜡像馆 | 属于上海的世界著名蜡像馆

Du Sha Fu Ren La Xiang Guan　推荐星级★★★★★

杜莎夫人蜡像馆是杜莎集团继伦敦、香港、阿姆斯特丹、纽约、拉斯韦加斯后全球第六家蜡像，馆内有邓丽君、成龙、姚明、刘翔等众多名人的蜡像。这些蜡像惟妙惟肖非常逼真。

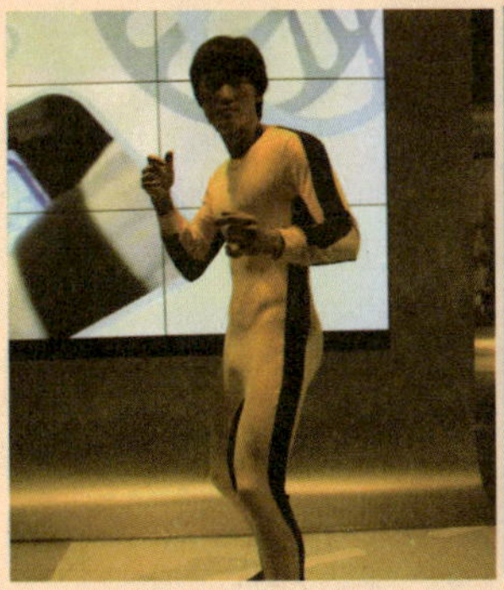

小贴士 TIP

上海黄浦区南京西路2—68号新世界城10楼

乘地铁1号线、2号线和8号线在人民广场站下；乘坐916、802、930、584路在人民广场站下车即可

021-63587878　营业时间 10:00～22:00

豫园 明清江南园林的典范

Yu Yuan

推荐星级★★★★★

豫园位于上海黄浦区，北靠福佑路，东临安仁街，西南与老城隍庙、豫园商城相连，是明朝时期的私人花园。园内有穗堂、铁狮子、快楼、得月楼、玉玲珑、积玉水廊、听涛阁、涵碧楼、内园静观大厅、古戏台以及假山、池塘等四十余处古代建筑，设计精巧、布局细腻，以清幽秀丽、玲珑剔透见长，具有小中见大的特点，体现了明清两代南方园林建筑艺术的风格，是江南古典园林中的一颗明珠。园林的附近还有多家著名食店，包括以小笼包著名的南翔馒头店、绿波廊及上海老饭店，在参观时还可以一饱口福。

小贴士 TIP

- 上海黄浦区安仁街132号
- 乘地铁10号线在豫园站下；乘坐451、789、803路在老西门下车即可
- 021-63272829

城隍庙 上海最有名的地标

Cheng Huang Miao

推荐星级★★★★★

城隍庙位于黄浦区方浜中路，因供奉着镇守边疆的霍光而又得名“霍光行祠”。城隍庙的殿堂雕梁瓦栋，每逢庙会节日时，庙内都是香火旺盛，香客云集。除此之外，城隍庙的最大特点就是其附近各种小吃餐厅、古玩商铺和小商品市场鳞次栉比。小吃以小笼包、梨膏糖、五香豆等食品最出名。

小贴士 TIP

- 上海黄浦区方浜中路249号
- 乘地铁10号线在豫园站下；乘坐451、789、803路在老西门下车

沉香阁 闻名于世

Chen Xiang Ge

推荐星级★★★★★

沉得阁位于黄浦区沉香阁路29号，是上海唯一一座供奉沉香观音的寺院。沉香阁的规模宏大，拥有众多的寺院，内有天王殿、大雄宝殿、观音阁、伽蓝殿和应慈法师纪念堂等,与龙华、静安、玉佛三大名刹齐名。此外，沉香阁的外形雕刻得精湛细腻，园内香火旺盛。

小贴士 TIP

- 上海黄浦区沉香阁29号
- 乘地铁10号线在豫园站下；乘坐42、920路在老北门站下车即可
- 021-63203431

古城墙和大境阁 | 明代抗倭的见证

Gu Cheng Qiang He Da Jing Ge

推荐星级★★★★

古城墙和大境阁位于大境路，古城墙上建有大境阁，是明代用来抵御倭寇的。大境阁建在大境箭台上，结构十分精巧，造型也十分别致。整体都透露出一股沧桑的味道，历史非常悠久，近年来大境阁是文人墨客云集之地，此楼阁三层曾是著名画家华墨龙、吴逃禅等人作画、会友之所。此城墙和大境阁是明代抵抗倭寇的见证者，很有观赏价值，同时也是拍照的好地方。

小贴士 TIP

- 上海黄浦区大境路239号
- 乘地铁8号线在大世界站下；乘坐789、803、451路在老西门下车即可
- 门票 5元

气象信号台 | 外滩的标志性建筑之一

Qi Xiang Xin Hao Tai

推荐星级★★★★★

气象信号台位于黄浦区中山东二路1号，是外滩标志性建筑之一。信号塔的外形为圆柱形，塔高约50m，塔台上还竖立着装了风向仪和供悬挂各种信号棋的桅杆，塔座内部的古典旋转扶梯已有近百年的历史。信号塔的一楼是外滩的气象信号塔，二楼则是酒吧，内部装修设置有种怀旧的风格。

小贴士 TIP

- 上海黄浦区中山东二路1号
- 乘地铁2号线和10号线在南京东路站下；乘坐71、42、928路在外滩站下车

人民英雄纪念塔 | 三枪状的塔体

Ren Min Ying Xiong Ji Nian Ta

推荐星级★★★★

人民英雄纪念塔位于外滩黄浦中东一路，塔高60m，全长120m，面积335m^2。塔的形状如“三枪”，宛如擎天巨柱，象征鸦片战争、五四运动、解放战争以来光荣牺牲的烈士永垂不朽。

小贴士 TIP

- 上海黄浦区中东一路500号
- 乘地铁2号线在南京东路站下；乘坐928、71、42路在外滩站下车即可

四明公所 | 反抗帝国主义扩张租界而斗争的佐证

Si Ming Gong Suo

推荐星级★★★★

四明公所始建于1797年，原来是在上海经商的宁波商人和手工业者的行会组织所在地。后来，法租界当局以“开筑马路”为借口，妄图强占来扩大其租界地盘，法租界巡警疯狂地在四明公所门口开枪打死打伤愤怒反抗的上海群众多人，激起公愤。1898年（清光绪二十四年），法租界当局再一次想侵占四明公所，致使上海人民发起了全市性的罢工罢市斗争。殖民者慑于人民群众的威力，最后被迫放弃了侵占的企图。由此，四明公所成为上海人民反对帝国主义扩张租界斗争的历史见证，现仅存牌楼。

小贴士 TIP

- 上海黄浦区人民路852号
- 乘坐11、24、911路在人民路站下车即可
- 门票 免费

三山会馆 | 典型福建风格的建筑

San Shan Hui Guan

推荐星级★★★★

三山会馆位于黄浦区中山南路1551号，始建于1909年，由福建商人设立，主要用于谈生意和祭祀天后。会馆为典型的福建建筑风格，红砖黛瓦、屋檐翘角、气势宏伟。内部的戏台设计也十分别致，藻井金碧辉煌，雕刻精致。

小贴士 TIP

- 上海黄浦区中山南路1551号
- 乘地铁4号线在西藏南路站下；乘坐789、803、451路在老西门站下车即可
- 021-63135582
- 门票 4元

豫园点春堂 | 小刀起义的唯一遗址

Yu Yuan Dian Chun Tang

推荐星级★★★★

豫园点春堂位于江南古典园林豫园内，是上海小刀会起义的唯一遗址。小刀会起义是近代史上上海人民第一次规模巨大的反封建反侵略斗争，而此遗址现被列为“上海市爱国主义教育基地”。点春堂现占地300m^2，内部陈列着有关上海小刀会起义军使用过的武器和自铸的货币日月钱以及发布的文告等文物。

小贴士 TIP

- 上海黄浦区安仁街218号
- 乘坐11、22、64、55、126、736、581路在安仁路站下车即可

白云观 | 保存完好的道教胜地

Bai Yun Guan

推荐星级★★★★★

白云观位于黄浦区大境路239号，现为上海道教协会所在地。它是一座上下两层四合院式的楼房，观内有灵宫殿、灵霄宝殿、老君堂、雷祖殿。现观内供奉的九尊道教铜神像系明代文物，大殿内玉皇坐像净重1500余千克，为全国其他道观所未有。观内的镇观之宝《正统道藏》已珍藏在上海图书馆内。

小贴士 TIP

- 上海黄浦区大境路239号
- 乘地铁8号线在大世界站下；乘坐796、911、11路在小北门站下车即可

董家渡天主堂 | 上海最早的天主教堂

Dong Jia Du Tian Zhu Tang

推荐星级★★★★★

董家渡天主堂位于黄浦区董家渡路，始建于1853年，是上海最早的天主教堂。建筑为西班牙传教士范廷佐设计，内部仿照欧洲耶稣总会大堂，天花板上有青绿色藻井图案，且有中国图案浮雕，整栋楼的建筑整洁，线条清晰，外观庄严安静。

小贴士 TIP

- 上海黄浦区董家渡路175号
- 乘576、581、65、736、801、868路在中山南路董家渡站下车即可

小桃园清真寺 | 上海最大的伊斯兰教建筑

Xiao Tao Yuan Qing Zhen Si

推荐星级★★★★★

小桃园清真寺位于小桃园街52号，始建于1917年，是上海伊斯兰教及教育、文化活动中心。也因位于小桃园街，故得名“小桃园清真寺”。小桃园清真寺属于伊斯兰教建筑风格，是上海最大的伊斯兰教建筑，同时也是上海伊斯兰教协会所在地。

小贴士 TIP

- 上海黄浦区小桃园街52号
- 乘地铁8号线和10号线在老西门站下；乘坐803、451、789路在老西门站下车即可

陈毅塑像 新中国第一任上海市市长

Chen Yi Su Xiang 推荐星级★★★★★

陈毅塑像位于南京东路陈毅广场。陈毅是新中国第一任上海市市长，其塑像坐北朝南，高5.6m，用青铜浇铸，再现了陈毅同志视察工作的形象。陈毅广场还有个广场喷泉，设计别致，每逢周末都会在这里举行音乐会，热闹非凡。

小贴士 TIP

- 上海黄浦区中山东一路外滩
- 乘地铁10号线在南京东路站下；乘坐71、42、928路在外滩站下车即可

海关大楼 世界第一大钟坐落于此

Hai Guan Da Lou 推荐星级★★★★★

海关大楼位于中山东一路，是20世纪20年代上海外滩最高的建筑物。外墙由金山石砌成，顶部的钟楼为整幢建筑的纵轴线，两边门窗及雕刻图案对称、和谐。大门为古希腊神庙形式，大楼顶部钟楼是亚洲第一大钟之一。海关大楼与雍容典雅的汇丰银行齐肩并排，相得益彰，被称为汇丰银行的“姐妹楼”。

小贴士 TIP

- 上海黄浦区中山东一路13号
- 乘地铁2号线和10号线在南京东路站下；乘坐42、71、928路在外滩站下车即可

外白渡桥 旧上海的标志性建筑之一

Wai Bai Du Qiao 推荐星级★★★★★

外白渡桥位于黄浦区苏州河与黄浦江汇合处，建于1907年，外白渡桥曾经是上海的象征，有人说，去过外白渡桥才算真正到了上海。外白渡桥是一座全钢结构的桥梁，两跨52.16m，宽18.3m，是上海市区连接沪北、沪东的重要通道，过桥人流量和车流量很高。站在桥上，远眺黄浦江上点点帆影，近观苏州河中如梭的船只，上海的美景尽收眼底。

小贴士 TIP

- 上海黄浦区黄浦公园(近中山东一路)
- 乘地铁10号线在豫园站下；乘坐934、940路在白渡桥站下车即可

黄浦公园 | 上海最早的欧式花园

Huang Pu Gong Yuan　　推荐星级★★★★★

黄浦公园位于中山东一路，始建于1868年，是上海最早的欧式花园。黄浦公园是外滩百年沧桑的见证者，也是上海具有标志性的现代城市公园。园内假山叠翠、瀑布飞溅，古色古香的亭台楼阁、曲桥和现代派的酒吧廊互为烘托，充分体现了现代建筑艺术与中国园林艺术相结合的景观理念。其周围有上海市人民英雄纪念塔、“浦江潮”大型纪念雕像和外滩历史纪念馆，很有参观价值。

小贴士 TIP

- 上海黄浦区中山东一路500号
- 乘地铁10号线在南京东路站下再乘37路在曹家渡长寿路站下车；乘坐928、71、42路在外滩站下车即可
- 021-53082636

麦加利银行大楼 | 罗马古典的建筑风格

Mai Jia Li Yin Hang Da Lou　　推荐星级★★★★★

麦加利银行大楼位于黄浦区中山东一路18号，始建于1923年，钢筋混泥土钢架架构建筑，糅合了古典主义、新古典主义以及混合主义的风格。整栋楼的线条简洁，气质典雅高贵。荣获联合国教科文组织2006年亚太文化遗产保护奖项。这里有顶级的酒吧、餐厅、服饰店和饰品店等。五楼则是一家经营粤菜的餐厅，内部环境明朗优雅，宽敞舒适，菜肴的口味偏向清淡，主要经营鱼翅鲍鱼，招牌菜是干捞翅，喜欢粤菜的游客可来此品尝。

小贴士 TIP

- 上海黄浦区中山东一路18号
- 乘地铁2号线和10号线在南京东路站下；乘坐928、71、42路在外滩站下车即可

书隐楼 | 精致的大型清代建筑

Shu Yin Lou　　推荐星级★★★★

书隐楼位于黄浦区小南门天灯弄77号，是上海市区仅存的较完整的大型清代建筑，也是明代上海著名私家花园日涉园旧址的一小部分。书隐楼也被称作九十九间楼，共5层，实际有房70余间。楼的外形有很多特色，为砖雕、木雕等雕刻，精细繁杂，内容丰富，有凤穿牡丹、松鼠葡萄、文王访贤等图案，还有木雕梅兰竹菊、汉宫秋月、亭台楼阁等图案，图案中的人物栩栩如生。

小贴士 TIP

- 上海黄浦区天灯弄77号
- 乘地铁9号线在小南门站下；乘坐920、11路在小南门站下车即可

轮船招商局大楼 | 外滩上历史最悠久，风格最独特的建筑

Lun Chuan Zhao Shang Ju Da Lou

推荐星级★★★★

车船招商局大楼位于黄浦区中山东一路9号，始建于1901年，是上海外滩上历史最悠久，风格最独特的建筑。外形是砖木结构的三层新古典主义建筑风格，最有特色的是，除三层是平窗外其他的都是拱形木框窗。屋顶高5m，扶梯的雕花非常精致。

小贴士 TIP

- 上海黄浦区中山东一路9号
- 乘地铁2号线和10号线在南京东路站下；乘坐71、928、42路在外滩站下车即可

福州路 | 上海出版业的前沿阵地

Fu Zhou Lu

推荐星级★★★★

福州路东起外滩中山东一路，西至西藏中路，至上海开埠以来就是通往外滩的四马路之一，故此有“四马路”之称。麦杜斯在这里创办了中国第一家出版机构——墨海书馆。1872年英商创办了《申报》，之后这条马路创建了100多家报馆，成为上海出版界的前沿阵地，同时也是上海梅派文化的发源地。

小贴士 TIP

- 上海黄浦区福州路
- 乘地铁2号线和10号线在南京东路站下；乘坐584、802路在人民广场站下车即可

中国农业银行大楼 | 折中主义风格的建筑

Zhong Guo Nong Ye Yin Hang Da Lou

推荐星级★★★★★

中国农业银行大楼由扬子保险公司建于1920年，楼共7层，都是用钢筋混泥土建造的，建筑风格多样，每层一个样式。现为中国农业银行上海分行办事处。

小贴士 TIP

- 上海黄浦区中山东一路26号
- 乘地铁2号线和10号线在南京东路站下；乘坐928、71、42路在外滩站下车即可

中国工商银行大楼 | 西洋风格的建筑

Zhong Guo Gong Shang Yin Hang Da Lou

推荐星级★★★★★

中国工商银行大楼位于黄浦区中山东一路24号，建于1924年，楼高6层，楼的外观为西洋风格，具有古典主义色彩，外墙用花岗岩砌饰，整个建筑有明朗清晰的主线和对称的造型，很有参观欣赏价值。现为中国工商银行上海分行办公地点。

小贴士 TIP

- 上海黄浦区中山东一路24号
- 乘地铁2号线和10号线在南京东路站下；乘坐928、71、42路在外滩站下车即可

招商银行大楼

日本近代西洋式建筑

Zhao Shang Yin Hang Da Lou

推荐星级★★★★★

招商银行大楼位于中山东一路16号，属于日本近代西洋式风格的建筑，楼共高4层，竖有4根欧洲古典主义式的柱子，简洁、高雅、古典，宏伟大气。

小贴士 TIP

上海黄浦区中山东一路16号

乘地铁2号线和10号线在南京东路站下；乘坐42、71、928路在外滩站下车即可

火钟楼

上海近代的消防建筑

Huo Zhong Lou

推荐星级★★★★

火钟楼位于黄浦区中华路，始建于1910年，是明朝时期上海救火会的钟楼，上悬一警钟，又称消防瞭望塔。火钟楼是上海迄今为止仅存的近代消防建筑，气势宏伟，规模宏大。

小贴士 TIP

上海黄浦区中华路581号

乘地铁9号线在小南门站下；乘坐920、11路在小南门站下车即可

友邦保险大楼

近代建筑风格和古典建筑风格的结合体

You Bang Bao Xian Da Lou

推荐星级★★★★★

友邦保险大楼位于黄浦区中山东一路17号，原为英国人在中国创办的英文报纸《字林西报》，现为友邦保险大楼。始建于1923年，建筑外形为文艺复兴时的风格，建筑分为三段，底层和二层是用大理石做成的贴面，三到七层是用水泥粉刷的外墙，窗格为平窗框，八层以上布置6根陶立克双柱式支撑双阳台，显得非常气派、气势不凡，很有参观价值，现为友邦保险公司办公地点。

小贴士 TIP

上海黄浦区中山东一路17号友邦大厦

乘地铁2号线和10号线在南京东路站下；乘坐71、42、928路在外滩站下车即可

徐光启故居

近代中国科学的先驱

Xu Guang Qi Gu Ju

推荐星级★★★★

徐光启故居位于乔家路234~244号，由于上下各九间，故被称为“九间楼”，其中“太卿坊祖宅”就是徐光启的故居。徐光启是明代的科学家，分别在农业、军事、数学等领域有杰出贡献，他的祖籍是上海。

小贴士 TIP

上海黄浦区乔家路238号

乘地铁9号线在小南门站下；乘坐789、775路在老西门站下车即可

申报馆旧址 | 见证了对近代中国影响最大的报纸的兴衰

Shen Bao Guan Jiu Zhi　推荐星级★★★★

申服馆旧址位于山东路与汉口路的西南转角处。申报馆是近代中国发行时间最长，影响最大的报纸《申报》的报社大楼。楼的屋檐和阳台的装饰都是古典主义风格，《申报》于1949年停刊后，该楼就转让给解放军日报使用。现在该楼被列为上海市优秀近代建筑保护单位。

小贴士 TIP

- 上海黄浦区汉口路309号
- 乘地铁2号线和10号线在南京东路站下；乘坐802、584路在人民广场站下车即可

文庙 | 上海中心城区唯一的儒学圣地

Wen Miao　推荐星级★★★★★

文庙是一处著名的名胜古迹之一，也是上海中心城区唯一一处儒学圣地。它是古代祭祀孔子的地方，所以叫文庙，文庙在历史上是最高学府和教育基地。新中国成立后，政府把这里列为文物保护单位，这里每周日举办“文庙书市”，由此闻名全国。

小贴士 TIP

- 上海黄浦区文庙路215号
- 乘坐932、66、64、929路在老西门站下车即可
- 开放时间 9:00～17:30
- 021-63771815　人均消费 10元（参观文庙）

新天安堂 | 哥特式风格的老教堂

Xin Tian An Tang　推荐星级★★★★★

新天安堂位于黄浦区南苏州路107号，是一座废弃已久的老教堂。教堂的建筑风格为哥特复兴式，并且在中部还有一个高33m的钟塔，在教堂的东南侧各有一个礼拜堂，外墙是用红砖堆砌的，很宏伟壮观。不幸后来在大火灾中被烧毁。

小贴士 TIP

- 上海黄浦区南苏州路107号
- 乘地铁10号线在南京东路站下；乘坐64、801路在江西中路站下车即可

真光大楼 | 上海最早的西洋剧院

Zhen Guang Da Lou

推荐星级★★★★★

真光大楼位于黄浦区圆明园路209号，建成于1930年，原名浸信会大楼，后改为真光大楼。原为上海最早的西洋剧院——光陆戏院。建筑的外墙为褐色砖饰面，装饰为艺术派风格。

小贴士 TIP

- 上海黄浦区圆明园路209号
- 乘地铁10号线在南京东路站下；乘坐801、64路在江西中路站下车即可

中实大楼 | 典雅厚重的新古典折中主义建筑

Zhong Shi Da Lou

推荐星级★★★★★

中实大楼位于黄浦区北京东路130号，楼高6层。整个建筑古朴典雅，宏伟厚重，为新古典折中主义风格。

小贴士 TIP

- 上海黄浦区北京东路130号
- 乘地铁10号线在南京东路站下；乘坐801、64路在江西中路站下车即可

黄浦江 | 上海母亲河

Huang Pu Jiang

推荐星级★★★★★

黄浦江位于青浦区朱家角镇淀峰的淀山湖，至吴淞口入长江，全长114km，是上海的母亲河。黄浦江是上海旅游业一个重要的旅游景点，是上海的象征，同时也是上海的缩影。从外滩出发至南浦大桥，再掉头过杨浦大桥至吴淞口，之后返回外滩。这条观光线路可以看到黄浦江两岸美丽的风景，以及横跨两岸的杨浦大桥、南浦大桥和东方明珠电视塔，它们正好构成了一幅“二龙戏珠”的巨幅画卷，而黄浦江西岸一幢幢风格迥异、充满浓郁异国色彩的万国建筑，与黄浦东东岸一幢幢拔地而起、高耸云间的现代建筑相映成辉，令人目不暇接。

小贴士 TIP

- 上海黄浦区中山东一路（上海黄浦江外滩观光平台）
- 乘地铁2号线和10号线在南京东路站下；乘坐42、71、928路在外滩站下车即可

外滩源 上海繁荣的源头

Wai Tan Yuan

推荐星级★★★★★

苏州河和黄浦江形成的三角区域就是外滩源，是上海近代及现代金融和贸易的孕育地，也是外滩“万国博览群”的源头，现存14栋优秀的历史建筑保护单位，且大都保持了20世纪二三十年代建筑风格的多样性。这里还有外滩最早的建筑、上海最早的西洋剧院、最好的东方博览馆和图书馆、当时最富盛名的学院，还聚集了超有影响力的外侨出版社和西文报社，很有观赏价值和旅游价值。

小贴士 TIP

- 上海黄浦江和苏州河的交汇处
- 乘地铁10号线在南京东路站下；乘坐64、801路在江西中路站下车即可

淮海中路

淮海中路 高雅浪漫的百年老路

Huai Hai Zhong Lu

推荐星级★★★★★

淮海中路位于市中心地段，是上海最繁华的商业街之一，与“中华第一街”南京路齐名。它是全上海公认的最美丽、最摩登、最有“腔调”和情调的一条街。现代化建筑林立，时尚名品荟萃，紧随世界潮流。这里购物环境温馨典雅、聚集了众多餐饮店、娱乐名店以及高档豪华的酒店。而且淮海路是一条以高雅浪漫著称的百年老路，是一个众人眼中华贵雍容的购物天堂。

小贴士 TIP

- 上海黄浦区
- 乘地铁1号线在陕西南路站下车即可

长乐路 很有故事的马路

Chang Le Lu

推荐星级★★★★★

长乐路在旧上海叫蒲石路，是一条有人物、有故事、有历史的路，现今的长乐路仍充满了情调和故事。汪精卫、张爱玲、钱钟书等都曾来过。走在路上，貌似每栋建筑、每棵古老的树木都在诉说自己的故事。

小贴士 TIP

- 上海黄浦区

渔阳里 艺术和文学的后花园

Yu Yang Li

推荐星级★★★★★

渔阳里位于黄浦区淮海中路567弄，是典型的早期石库门里弄建筑。这里有法租界原址设立的科学馆，被称为淮海中路的后花园地带。2号原是陈独秀的故居。外观是一幢老式的石库门式造型，砖木结构，两层楼房。

小贴士 TIP

- 上海黄浦区淮海中路567弄
- 乘地铁1号线在陕西南路站下；乘坐104、955路在淮海中路站下车即可

雁荡路步行休闲街 富有情调的美食街

Yan Dang Lu Bu Xing Xiu Xian Jie　　推荐星级★★★★★

雁荡路步行休闲街位于黄浦区雁荡路，路的两旁都植满了棕榈树。休闲街上有很多咖啡座，南段位于复兴公园内，公园以及海派的建筑群给这里增添了很多小资的情调，被称为“淮海路上的后花园”。街上还有众多各式各样的茶坊、露天酒吧和中西餐厅，是上海一条很知名的美食街。

小贴士 TIP

- 上海黄浦区雁荡路
- 乘地铁1号线在黄陂南路站下；乘坐隧道八线、926路在淮海中路站下车

建国中路 特色小区的聚集地

Jian Guo Zhong Lu　　推荐星级★★★★

建国中路东起重庆南路接建国东路，西至瑞金二路接建国西路。最初为1902年法租界公董局越界辟筑，名为打靶场路。1943年汪精卫政权接收上海法租界时改名西长兴路。1945年改名建国中路。周边有众多的小区，如：瑞金路新里、建国西路洋房、鼎园酒店式公寓、思南路新里洋房、淡水湾花园等，还有众多的时尚生活设计廊、特色的小吃店等。

小贴士 TIP

- 上海黄浦区
- 乘坐空调17路、864路、304路、933路即可到达

茂名南路 旧上海时期被称作迈尔西爱路

Mao Ming Nan Lu　　推荐星级★★★★★

茂名南路位于黄浦区内，旧上海时期被称作迈尔西爱路，是一条有深厚历史背景的马路，也是一条颇为值得漫步其中的马路，还是一个值得欣赏历史名建筑、购物、听JAZZ、享受下午茶与国际美馔的休闲名街。其中最著名的茂名路酒吧街位于茂名南路从复兴路到永嘉路一段，这里的咖啡吧、酒吧鳞次栉比。但是这里的店名基本都是英文的，在衡山路和新天地之前，茂名路是上海夜生活的不二之选。酒吧、剧院、西餐厅、老宾馆……都有一种老派上海风格的洋味。

小贴士 TIP

- 上海黄浦区
- 乘坐945、920、42路在思南路站下车即可

思南路 | 上海最浪漫的马路

Si Nan Lu

推荐星级★★★★★

思南路位于黄浦区思南路，建于20世纪20年代，是老法租界街区，被上海人成为“上之脚”。整条马路非常干净整洁，也非常幽静，马路两旁植满了梧桐树，整个区聚集了众多的名人故居和几十栋花园洋房，到处弥漫着浪漫的情调，是上海最浪漫的马路。

小贴士 TIP

- 上海黄浦区思南路
- 乘地铁1号线在陕西南路站下；乘坐48、71路在石门一路站下车

思南路历史风貌保护区 | 花园洋房的聚集地

Si Nan Lu Li Shi Feng Mao Bao Hu Qu

推荐星级★★★★

小贴士 TIP

- 上海黄浦区复兴中路和思南路一带

思南路历史风貌保护区位于黄浦区复兴中路和思南路一带，这里聚集了众多法式、英式、德式、西班牙式等风格各异的花园洋房和别墅。并且每个内部都有开阔的花园、绿色的草坪、高大的乔木，环境很优美。其中思南公馆、周公馆等都坐落于此，近代历史名人程潜、梅兰芳、柳亚子等先后在此居住过。现这里有豪华的酒店、特色的专卖店、各类餐饮店等，将成为海内外宾客领略海派风情的集聚地。

石库门屋里厢 | 石库门式的博物馆

Shi Ku Men Wu Li Xiang

推荐星级★★★★

石库门屋里厢位于太仓路181弄新天地广场北里25号楼，是上海石库门式博物馆，也是展示上海石库门建筑的主题博物馆。石库门是上海最有特色的里弄住宅，为中西合璧的建筑风格，外墙是欧式联排屋。内部主要展示了书房、主人房、老人房、儿子房、女儿房、厨房等，很值得到此参观欣赏。

小贴士 TIP

- 上海黄浦区太仓路181弄新天地广场北里25号楼
- 乘地铁1号线在黄陂南路站下；乘坐146路、大桥一线在兴业路站下车

泰康路田子坊 上海新兴的艺术街

Tai Kang Lu Tian Zi Fang

推荐星级★★★★

泰康路田子坊位于黄浦区，是上海新兴的艺术街。这里汇聚了众多的画廊、艺术工作室和特色的购物店及酒吧。这里还有很多艺术工作室和众多的时尚小店及特色酒吧，也居住很多老上海的居民。

小贴士 TIP

- 上海黄浦区泰康路210弄
- 乘地铁9号线在打浦桥站下；乘坐986、36路、隧道八线在建国中路站下车

丰子恺故居 上海永义里缘缘堂

Feng Zi Kai Gu Ju

推荐星级★★★★

丰子恺故居位于陕西南路39弄93号，是著名漫画家丰子恺在上海的一处寓所。只要是丰子恺居住过的地方都叫缘缘堂，其故乡浙江石门镇的缘缘堂最为出名，其次就是上海的永义里缘缘堂。在上海的缘缘堂，丰子恺创作了很多作品，编辑出版的有《丰子恺画集》、《丰子恺儿童漫画》等，翻译的有《源氏物语》。他的随笔很多都是以缘缘堂随笔落款的。

小贴士 TIP

- 上海黄浦区陕西南路39弄93号
- 乘坐26、926路在陕西南路站下车即可

东正大教堂 具有俄罗斯风情的教堂

Dong Zheng Da Jiao Tang

推荐星级★★★★

东正大教堂位于新乐路和襄阳北路路口，建成于1933年。整个教堂的建筑外形古朴完整，通体都是乳黄色的外墙，外壳涂上孔雀蓝的铜皮，顶尖和顶上的十字架是金色，如童话世界里的宝殿，并且带有浓郁的俄罗斯风情。现已成为一家特色的音乐餐厅。

小贴士 TIP

- 上海黄浦区新乐路55号
- 乘地铁1号线在陕西南路站下；乘坐42、926、920路在陕西南路站下车

步高里 上海老式居民建筑

Bu Gao Li

推荐星级★★★★

步高里位于陕西南路和建国西路交汇处，是上海老式居民建筑，建于1930年，是法国的建筑群。建筑为中式红瓦屋脊，配有雕花的窗户，砖木结构的石库门，总体布局是欧式联排式，且工整严谨，共3层。步高里是上海百姓最真实的弄堂人生的写照。

小贴士 TIP

- 上海黄浦区陕西南路287弄
- 乘地铁9号线在嘉善路站下；乘坐104、41、96路在瑞金医院站下车

淮海坊 内部有名人故居

Huai Hai Fang

推荐星级★★★★

淮海坊位于黄浦区淮海中路927弄，1924年由教会普爱堂投资建造，原名霞飞坊。整栋楼是3层砖木结构，建筑风格上摆脱了石库门的模式，是仿法国式住宅，并且安装有钢窗，霞飞坊的59号是巴金的故居。

小贴士 TIP

- 上海黄浦区淮海中路927弄
- 乘地铁1号线在陕西南路站下；乘坐104、955、41路在淮海中路站下车

复兴中路 聚集众多名人居住的园区

Fu Xing Zhong Lu

推荐星级★★★★★

复兴中路位于复兴中路，是上海法租界内的一条东西向干道。路两旁多为住宅区，多半都是洋房花园和公园，还有石库门里弄。沿路有很多的景点，如：复兴公园、文化广场等。

小贴士 TIP

- 上海黄浦区复兴中路
- 乘地铁10号线在陕西南路站下；乘地铁1号线在常熟路站下；乘坐109、869路在复兴中路站下车

大韩民国临时政府旧址 | 韩国独立运动的圣殿

Da Han Min Guo Lin Shi Zheng Fu Jiu Zhi　推荐星级★★★★★

大韩民国临时政府旧址位于黄浦区马当路302号，始建于1925年，是韩国临时政府在上海办公时间最长、保存最完整的旧址。朝鲜三一运动以后，韩国临时政府几经迁移，最后迁入这里，不幸的是1932年韩国临时政府成员遭到日本军警的逮捕，被迫撤离上海，故这里被称为韩国民主独立运动的圣殿。

小贴士 TIP

- 上海黄浦区马当路302号
- 乘地铁10号线在新天地站下；乘坐36、986路在复兴中路站下车即可

8号桥 | 前沿时尚创意园区

8 Hao Qiao　推荐星级★★★★★

8号桥位于建国中路8~10号，其中8号桥二期是一座高24m的凯旋门，是8号桥的标志性建筑之一。这里聚集了众多的创意艺术工作室、露天酒吧、咖啡馆及充满异国风情的餐厅。

小贴士 TIP

- 上海黄浦区建国中路8~10号
- 乘地铁9号线在打浦桥站下；乘坐786、36路在复兴中路站下车

重庆公寓 | 美国著名左翼记者史沫特莱故居

Chong Qing Gong Yu　推荐星级★★★★★

重庆公寓位于黄浦区重庆南路185号，整个楼为钢筋混凝土结构的5层公寓，呈“L”形在复兴中路分布，中央转角女儿墙特别处理成牌楼式山墙。1924年，美国著名记者史沫特莱以《法兰克福报》特派记者的身份来到中国，协助宋庆龄成立中国保卫人权同盟。1936年在西安目睹西安事变，把张学良、杨虎城将军扣押蒋介石的真相通过英文媒体向全世界报道，重庆公寓就是她在上海的寓所。

小贴士 TIP

- 上海黄浦区重庆南路185号
- 乘地铁10号线在新天地站下；乘坐786、780路在重庆南路复兴中路站下车

邹韬奋故居 | 出版界的先驱

Zou Tao Fen Gu Ju

推荐星级★★★★

邹韬奋故居位于重庆南路205弄54号，他是我国现代著名的教育家、出版家和政治家。1930年，邹韬奋租下此处作为寓所。整个建筑为西式2层楼住宅，砖混凝土结构，外墙用专门的混凝土拉毛。房间内朴素典雅，保持原貌。故居的隔壁现在已成为韬奋纪念馆。

小贴士 TIP

- 上海黄浦区重庆南路205弄54号
- 021-63842811
- 乘地铁10号线在新天地站下；乘坐933路、36路、隧道8线在建国中路站下车
- 开放时间 9:00～11:00；13:00～16:00
- 门票 5元

东台路固古董街 | 上海的琉璃厂

Dong Tai Lu Gu Gu Dong Jie

推荐星级★★★★

东台路固古董街位于黄浦区东台路，毗邻新天地。古玩街历来就有北有琉璃厂，南有东台路的说法。这里的古玩店铺有200多家，里面的古玩琳琅满目，包罗万象，有铜器、玉器、陶瓷、书法字画等，还有老上海的日常用品，及香烟牌子、麻将、美女月份牌等。街上挤满了喜欢怀旧和淘宝的人，最有特色的是每个店铺的后面都放着更加珍奇的古玩奇宝。

小贴士 TIP

- 上海黄浦区东台路
- 乘地铁8号线和10号线在老西门站下；乘坐18、802、23路在老西门站下车

诺曼底公寓 | 上海最早的外廊式建筑

Nuo Man Di Gong Yu

推荐星级★★★★

诺曼底公寓位于淮海中路1836～1858号。外形为典型的法国文艺复兴建筑，同时也是上海最早的外廊式建筑。整栋楼共8层，楼身狭长，像一艘轮船，暗红色砖水泥结构，显得古朴典雅。

小贴士 TIP

- 上海黄浦区淮海中路1836～1858号
- 乘地铁10号线在新天地站下；乘坐926、26、911路在武康路站下车

中共一大会址

具有居民风貌的纪念馆

Zhong Gong Yi Da Hui Zhi 推荐星级★★★★

中共一大会址位于黄浦区兴业路76~78号。1921年，中共一大在此召开。整个建筑是上海石库门里弄，纪念馆现已恢复了当时的场景，馆内介绍了中国共产党成立的背景、早期的活动及文献。

小贴士 TIP

- 上海黄浦区兴业路76~78号
- 乘地铁1号线在黄陂南路站下；乘坐930、802路在淮海东路站下车
- 021-53832171
- 门票 免费

张学良故居

张学良和赵一荻在上海的寓所

Zhang Xue Liang Gu Ju 推荐星级★★★★★

张学良故居位于皋兰路1号，建于20世纪30年代，是1935年张学良来沪的临时居所。建筑为3层的西班牙式花园洋房，红瓦屋顶，乳白色的外墙，建筑的高低虚实结合，很有情调。后来赵一荻常来此居住。张学良和赵一荻的卧室在三楼，房内的摆设都保持着原样。庭院内环境幽雅，还种植了很多花草，如玉兰、金桂、银桂、雪松等，一到春天，园内就会充满芳香。

小贴士 TIP

- 上海黄浦区皋兰路1号
- 乘地铁1号线在陕西南路站下；乘坐128、869、933路在延安中路站下车

孙中山故居

展示孙中山上海生活的原貌

Sun Zhong Shan Gu Ju 推荐星级★★★★★

孙中山故居位于香山路7号，建于20世纪初，是孙中山和宋庆龄在上海的寓所。建筑为两层欧式楼房，外墙饰以灰色卵石，屋顶铺盖的是洋红色鸡心瓦。楼前有正方形的草坪，三面环绕着冬青、香樟和玉兰等树木花圃。内部陈设了孙中山的原物原件，每逢孙中山诞辰和逝世纪念日都会在此举行纪念活动。

小贴士 TIP

- 上海黄浦区香山路7号
- 021-64372954
- 乘地铁1号线在陕西南路站下；乘坐128、253、869路在延安中路站下车
- 开放时间 9:00~16:00
- 门票 20元

周公馆 新中国成立前中共驻沪的办事处

Zhou Gong Guan 推荐星级★★★★★

周公馆位于黄浦区思南路73号，建于1912年，这里是1946年中共在上海的活动处。外观属于法式花园住宅风格，砖木结构，外墙是水泥拉毛的饰面，里墙置鹅卵石，窗户是多种式样的。整个公馆的外墙上爬满了藤萝的花架，一到春天到处都是春意盎然的感觉。馆内布置简洁大方，园内还有密植的树木。夏天整个园子郁郁葱葱，非常幽雅宜人。

小贴士 TIP

- 上海黄浦区思南路73号
- 乘地铁1号线在陕西南路站下；乘坐128、933、869路在延安中路站下车
- 021-64730420　开放时间 9:00～16:00

复兴公园 唯一一座中国保存最完整的法式园林

Fu Xing Gong Yuan 推荐星级★★★★★

复兴公园位于黄浦区皋兰路2号，是唯一一座中国保存最完整的法式园林。之前此公园仅限于法国人出入，故又叫"法国公园"。公园内部花团锦簇，假山瀑布，风景迷人。现已成为上海最热门的夜晚派对胜地。

小贴士 TIP

- 上海黄浦区皋兰路2号
- 乘地铁10号线在新天地站下；乘坐41、955路在淮海中路站下车

科学会堂 欧式典雅殿堂

Ke Xue Hui Guan 推荐星级★★★★

科学会堂位于南昌路47号，原为法国体育俱乐部。建筑外形为法国式的花园洋房，具有欧式古典的楼梯，雕花彩色的玻璃窗，整个建筑显得古朴典雅、宏伟大气。诺贝尔奖的获得者巴顿、杨振宁、丁肇中等都曾在此居住过。

小贴士 TIP

- 上海黄浦区南昌路47号
- 乘地铁1号线在陕西南路站下；乘坐2、146、42路在陕西南路站下车

尚贤坊 郁达夫爱情的起源地

Shang Xian Fang

推荐星级★★★★

尚贤坊位于淮海中路358弄1号，建成于1924年，是上海石库门里弄住宅。建筑为红砖清水墙面，弄口有巴洛克线条和花饰。里面居民以教师、作家和商人居多，这里也是著名作家郁达夫爱情的起源地。

小贴士 TIP

- 上海黄浦区淮海中路358弄1号
- 乘地铁1号线在黄陂南路站下；乘坐304路在延安中路站下车；乘坐869、253路在延安东路站下车

林风眠故居 绘画大师的隐居地

Lin Feng Mian Gu Ju

推荐星级★★★★

林风眠故居位于黄浦区南昌路53号，是中国现代绘画艺术启蒙家林风眠的寓所。它是一栋法式2层的楼房，1950年林风眠辞去中央美术学院教授的职务后迁居在此，据说他每天都闭门在家里的画室作画。

小贴士 TIP

- 上海黄浦区南昌路53号
- 乘地铁1号线在陕西南路站下；乘坐2、42、146路在陕西南路站下车

香港广场 内部设有空中走廊

Xiang Gang Guang Chang

推荐星级★★★★

香港广场位于淮海中路的中心地段，共38层，分为南北两栋，并且里面有空中走廊连接，南楼为商业写字楼，北楼为酒店式公寓。外观雄伟大气。

小贴士 TIP

- 上海黄浦区淮海中路283号
- 乘地铁1号线在黄陂南路站下；乘坐955、104路在淮海中路站下车

第一百货商店 中华最有名的老百货商店

Di Yi Bai Huo Shang Dian 推荐星级★★★★

第一百货商店位于上海市黄浦区南京东路，西藏中路东北角。第一百货的前身是大新公司，是新中国成立后第一家大型的国有百货零售企业。店内主要经营日用百货、服装、针棉织品、皮具鞋类、家具等大类4万余种的商品。其中以成熟女性服饰居多，中等档次，还有很多品牌商品，是来上海逛街的必到之地。

小贴士 TIP

- 上海黄浦区南京东路830号
- 乘地铁1号线、2号线和8号线在人民广场下；乘坐802、584、930路在人民广场站下车即可

文庙书市 上海最大的旧书交易市场

Wen Miao Shu Shi 推荐星级★★★★★

文庙书市从1986年开始交易旧书，从此就成为上海最大的露天古旧书交易市场。面积1500m^2，有200多个固定的摊位，每个摊位都摆满了书籍，这里有出版社库存的特价新书，也有陈旧的书籍，每周日全天开放，是上海最重要的旧书集散地。这里有关民国版新文学作品的收藏书籍最多。此外，文庙的书籍批发市场也位于文庙路上，是上海最大的图书批发市场。

小贴士 TIP

- 上海黄浦区文庙路215号
- 乘地铁8号线和10号线到老西门站下
- 门票 每周日1元，参观文庙10元

华联商厦 商品种类最为齐全的百货商店

Hua Lian Shang Sha 推荐星级★★★★

华联商厦的门面齐全，属于传统的百货商店，里面主要经营男女服饰、运动器材、化妆品、眼镜钟表、小型的家电等。

小贴士 TIP

- 上海黄浦区南京东路340～372号
- 乘地铁2号线和10号线在南京东路站下；乘地铁1号线、2号线和10号线在人民广场站下；乘坐802、930路在人民广场站下车即可

新世界城 聚玩、买、乐于一体

Xin Shi Jie Cheng

推荐星级★★★★★

新世界城是全球第六家超大型的世界城，亦是南京路上一道亮丽的风景线。内部设有超大型的游艺竞技场、英国杜莎夫人蜡像馆、浦西最高星空的酒吧和旋转餐厅以及上海第一家室内真溜冰场。购物广场内拥有众多国际顶级名品。建筑内部装修富丽堂皇，外观气势宏伟，很值得来此参观购物。

小贴士 TIP

- 上海黄浦区南京西路2—68号
- 乘地铁1号线、2号线和8号线在人民广场站下；乘坐916、802、584、930路在人民广场站下车即可
- 021-63588888

亚一金店 购买金饰品必选之地

Ya Yi Jin Dian

推荐星级★★★★★

亚一金店位于老城隍庙福佑路、丽水路口，以经营黄金、珠宝玉器、钻石饰品闻名遐迩。店的外观典雅，装潢富丽、豪华，内部设施先进、完善，仿明清古建筑外观和现代化内部设施完美地融为一体，体现出浓郁的古代文化和现代文明气息。

小贴士 TIP

- 黄浦区福佑路288号
- 乘地铁8号线在老西门站下；乘地铁10号线到豫园站下
- 021-63732828

华宝楼 上海最有代表性的古玩和旧工艺品市场

Hua Bao Lou

推荐星级★★★★★

这里物件比较整齐，品质档次较高，经营业主大多数是上海本地人，业务水平较高，常吸引许多藏家前来“交行”。这里经营上万种物品，例如：玉器翡翠、青瓷陶器、佛像香炉、名人字画、文房四宝、红木器具、骨雕木雕、老式钟表相机等。

小贴士 TIP

- 上海市黄浦区方浜中路265号

百联世茂国际广场 | 世界顶级大牌的荟萃地

Bai Lian Shi Mao Guo Ji Guang Chang

推荐星级★★★★★

百联世茂国际广场是新型的大型购物广场，里面有众多品牌专卖店及休闲的餐厅，共8层，环境优雅宽敞。有众多世界级流行品牌店，如：GIVENCHY、CERRUTI等100多家。

小贴士 TIP

- 上海黄浦区南京东路819号
- 乘地铁1号线、2号线和8号线在人民广场站下；乘坐802、584、930路在人民广场站下车即可
- 021-33134718

置地广场 | 人气最旺、价格最实惠的购物广场

Zhi Di Guang Chang

推荐星级★★★★★

置地广场是南京路人气最旺的百货商场，共8层，里面经营各种服饰和日用品。价格相对实惠，并且还经常有打折活动。

小贴士 TIP

- 上海黄浦区南京东路409～459号
- 乘地铁2号线和10号线在南京东路站下；乘坐18、802、584路在人民广场站下车即可
- 021-63513828

亨达利钟表 | 历史悠久的“钟表大亨”

Heng Da Li Zhong Biao

推荐星级★★★★★

亨达利钟表创立于1864年，至今已有130多年的历史，是上海老字号钟表店，享有“钟表大亨”的称誉。店内主要销售世界顶级名表，如AP、积加、劳力士、帝舵、雷达、浪琴、天梭、西马、豪华、梅花和奥尔马等，以经营和修理进口表为特色。

小贴士 TIP

- 上海黄浦区南京东路772号
- 乘地铁1号线、2号线和8号线在人民广场站下；乘坐802、584、930路在人民广场站下车即可
- 021-63222998

上海时装商店 | 上海第一家大型的百货商场

Shang Hai Shi Zhuang Shang Dian　推荐星级★★★★

上海时装店原为先施公司，创立于1914年。建筑外貌为巴洛克建筑风格，底层设计骑楼式外廊，外廊内设计有大橱窗，建筑的顶部还设计了一座魔星塔，很是壮观。店内主要经营流行品牌服饰及童装、童鞋和玩具等。

小贴士 TIP

- 上海黄浦区南京东路650—690号
- 乘地铁1号线、2号线和8号线在人民广场站下；乘坐802、584、930路在人民广场站下车即可
- 021—63225445

邵万生南货店 | 宁式美食的聚集之地

Shao Wan Sheng Nan Huo Dian　推荐星级★★★★

邵万生南货店于1852年创立于虹口，最初名为“邵万兴”，后改为“邵万生南货店”。店内以精致的宁波、绍兴糟醉食物和南北果品海味而闻名。其中的糟醉名品有糟鸡、醉香鸡、黄泥螺、糟青鱼、糟蛋等，故此有“中华糟醉席上珍，众口皆碑邵万生”的美誉。

小贴士 TIP

- 上海黄浦区南京东路414号
- 乘地铁1号线、2号线和8号线在人民广场站下；乘坐802、584、930路在人民广场站下车即可

永安百货 | 上海闻名的四大百货公司之一

Yong An Bai Huo　推荐星级★★★★

永安百货是上海闻名世界的四大百货公司之一，为欧洲古典式的建筑风格，钢筋混泥土结构，别具一格。里面主要以经营“环球百货”为特色，是上海高雅、时尚的象征，同时也是上海首屈一指的高档百货商店。

小贴士 TIP

- 上海黄浦区南京东路635号
- 乘地铁1号线、2号线和8号线在人民广场站下；乘坐930、802、584路在人民广场站下车即可
- 02163224466

三阳南货 | 淘江南土特产之地

San Yang Nan Huo

推荐星级★★★★

三阳南货店始创于1928年，是上海江南土特产专卖店。里面主要售卖山珍海味、南北土特产、腌腊制品和宁波特产。如：鸭头、花生酥、云片糕、火腿肉等。

小贴士 TIP

- 上海黄浦区南京东路630号
- 乘地铁1号线、2号线和8号线在人民广场站下；乘坐584、18、802路在人民广场站下车即可
- 021－63223353
- 营业时间 10:00～22:00

吴良材眼镜 | 中国眼镜业的开山鼻祖

Wu Liang Cai Yan Jing

推荐星级★★★★

吴良材眼镜被誉为“中国眼镜业的开山鼻祖”，创建于1719年，至今有290余年的历史。店内的眼镜以研磨工艺精良、验光精确、制作考究而享有很高的声誉。

小贴士 TIP

- 上海黄浦区南京东路456号
- 乘地铁2号线和10号线在南京东路下；乘坐802、18、584路在人民广场站下车即可
- 021－63500538
- 营业时间 9:00～21:00
- 人均消费 785元

张小泉剪刀 | 乾隆时期御用的剪刀

Zhang Xiao Quan Jian Dao

推荐星级★★★★★

张小泉剪刀始创于1663年，已有300多年历史。选用闻名的“龙泉”钢为原料，制成的剪刀镶钢均匀，磨工精细，刀口锋利，开闭自如，因而名噪一时。“张小泉剪刀”是我国手工业的传统名牌，近代，它又在南洋劝业会、巴拿马万国博览会等国际赛会上屡获殊荣。

小贴士 TIP

- 上海黄浦区南京东路490号
- 乘地铁2号线和10号线在南京东路站下；乘坐584、802、18路在人民广场站下车即可
- 021－63223858

朵云轩 | 老上海最早的书画店

Duo Yun Xuan

推荐星级★★★★

朵云轩创立于1900年，是上海的老字号书画店。里面以经营字画为主，还经营自己特制的信笺、扇子等手工艺品。朵云轩同时也形成了上海一处亮丽的文化风景线。

小贴士 TIP

- 上海黄浦区南京东路422号
- 乘地铁2号线和10号线在南京东路站下；乘坐802、584、930路在人民广场站下车即可
- 021-63500538
- 人均消费 453元

老凤祥银楼 | 百年老字号金店

Lao Feng Xiang Yin Lou

推荐星级★★★★

老凤祥银楼位于上海黄浦区南京东路422号，是上海很有名气的百年老字号金店。店内主要经营黄金、铂金、钻石、珍珠、翡翠等各类饰品。

小贴士 TIP

- 上海黄浦区南京东路4522号
- 乘地铁2号线和10号线在南京东路站下；乘坐802、18、584路在人民广场站下车即可
- 021-63526688
- 营业时间 9:30～21:30

老介福 | 江浙丝绸总汇地

Lao Jie Fu

推荐星级★★★★

老介福位于南京东路257号，创建于1860年。最初经营丝葛、绸缎，并且搜集世界各国精美花形图案，兼自行设计花色，直接向江、浙、沪地带的工厂输送定织，因被誉为“丝绸总汇”。老介福有“中国丝绸业之王”的美誉。电影界和戏界有名的演员制作服装所用的布料都到此店来挑选。

小贴士 TIP

- 上海黄浦区南京东路257号
- 乘地铁2号线和10号线在南京东路站下；乘坐802、930、584在人民广场站下车即可

上海市第一食品商店 | 各地有名小吃的聚集地

Shang Hai Shi Di Yi Shi Pin Shang Dian

推荐星级★★★★★

第一食品店位于南京东路720号，这里有很多上海特色的传统小吃，如芝麻薄片、蚕豆等。除此之外，第一食品店里还有很多特色的小吃店，像著名的小杨生煎，这里还可以吃到很多上海著名的小吃，如粉丝汤、豆花、糕团、双档等。

小贴士 TIP

- 上海黄浦区南京东路720号
- 乘地铁1号线、2号线和8号线在人民广场站下；乘坐584、930、802路在人民广场站下车即可
- 营业时间 9:30～20:00

上海书城 | 有咖啡座的大型书店

Shang Hai Shu Cheng

推荐星级★★★★★

上海书城位于黄浦区福州路465号，是上海一家超大型零售书店，号称“远东第一书店”。上海书城的建筑规模宏大，图书品种齐全，是上海最大的图书卖场。书城的二楼有咖啡座，看书、买书之余可以在这里休息。

小贴士 TIP

- 上海黄浦区福州路465号
- 乘地铁2号线和10号线在南京东路站下；乘坐584、802路在人民广场站下即可
- 021-63914848

大众书局 | 欧洲格调的书店

Da Zhong Shu Ju

推荐星级★★★★★

大众书局在上海的正大广场8楼，是上海最著名的民营图书销售连锁店，书局内部设有咖啡座，环境幽静，在看书之余还可以休闲。书局内不仅出售图书,还出售各种卡通、动漫图书、玩具和延展品等。

小贴士 TIP

- 上海黄浦区福州路579号
- 乘地铁1号线、2号线和8号线在人民广场站下；乘坐802、584路在人民广场站下车即可
- 021-63222511
- 人均消费 44元

上海古籍书店

古籍类图书专卖店

Shang Hai Gu Ji Shu Dian

推荐星级★★★★★

上海古籍书店主要出版文艺书籍及朱雯编辑的《正言文艺丛刊》，代表作有施蛰存编辑的《域外珠丛》等，罗洪的《这时代》等。书店内的书香味浓郁，内部有最全的碑帖和画谱。

小贴士 TIP

- 上海黄浦区福州路401号
- 乘地铁2号线和10号线在南京东路站下；乘坐802、584、18路到人民广场站下车即可
- 021-63517745　营业时间 10:00～22:00

外文书店

外文书籍的品种最齐全

Wai Wen Shu Dian

推荐星级★★★★★

外文书店位于黄浦区福州路390号。书局内主要经营旅游外文图书、原版外文图书和介绍中国文化的图书。书局内部装修雅致，整体环境舒适，一楼的玻璃窗透出一种大气。来这里既可以买到想要的外文书籍，又可以享受幽雅的环境。

小贴士 TIP

- 上海黄浦区福州路390号
- 乘地铁2号线和10号线在南京东路站下；乘坐584、802、18路在人民广场站下车即可
- 021-23204991　营业时间 9:30～19:30（周一至周日）

香港名店街

综合型购物中心

Xiang Gang Ming Dian Jie

推荐星级★★★★★

香港名店街位于上海人民广场的地下通道，是上海最长的地下步行商业街。地理位置非常优越，交通也极其便利，商场采用的是并排型的小商店形式结构，形成一条长长的走廊形状，比较宽敞，沿街开了几十家商店，形成一个独特的购物环境。店内售卖商品的种类很多，包括服装、首饰、玩具、礼物、小饰品等，还有各类品牌，如VEROMODA、ONLY、BAXTON等。另外还有很多有特色的商品，价格也比较合理，很受消费者喜爱。

小贴士 TIP

- 上海黄浦区人民大道9—99号
- 乘地铁1号线、2号线和8号线在人民广场站下；乘坐802、584路到人民广场站下车即可
- 021-63726266　营业时间 10:00～22:00

豫园商场 | 观光旅游兼淘宝中心

Yu Yuan Shang Chang

推荐星级★★★★★

豫园商场位于上海中心商业区，是大型商业集团。这里的商业气息和文化底蕴都相当浓厚，人气也很旺。这里售卖很多商品，在此观光旅游者可以挑选自己喜欢的作为旅游纪念品。珠宝首饰、钟表钱币、布店茶馆、名人字画、古玩玉器等老字号的东西应有尽有。

小贴士 TIP

- 上海黄浦区福佑路234号
- 乘地铁10号线在豫园站下；乘坐24、581、64路在豫园站下车即可

上海老街 | 古玩古店的聚集地

Shang Hai Lao Jie

推荐星级★★★★★

上海老街位于上海市黄浦区方浜中路，全长825m。上海老街见证了上海的经济发展，因其原是古上海贸易和小商品交易的重要场所。这里是一条观光旅游、休闲娱乐、购物消费、文化展示为一体的老街。街上有很多有特色的商品，如珠宝首饰、古玩玉器、名人字画、钟表钱币。另外，藏宝楼也是上海最具有特色也是最大的古玩收藏品市场，每到周末会挤满到此观赏和淘宝的人，各种古玩琳琅满目，使这里成为一条上海独有的民俗街。

小贴士 TIP

- 上海黄浦区方浜中路
- 乘地铁10号线在豫园站下；乘坐803、789、451路在老西门站下车即可

上海外文图书公司旧书门市部 | 淘书好去处

Shang Hai Wai Wen Tu Shu Gong Sj Jiu Shu Men Shi Bu

推荐星级★★★★★

上海外文图书公司旧书门市部位于山西南路，这里有很多外版图书，书是旧的，但是品种很丰富，书的品相也很不错，爱书的朋友一定要到这里来看看，也许会有意外的收获。这里还是连环画的诞生地，《三国演义》、《水浒传》等连环画都是在这里诞生的。

小贴士 TIP

- 上海黄浦区山西南路30号
- 乘地铁2号线和10号线到南京东路站下；乘坐802、584路到人民广场站下车即可
- 021-63607713
- 营业时间 9:00～19:30
- 人均消费 29元

太平洋百货淮海分店 | 大型综合型豪华商场

Tai Ping Yang Bai Huo Huai Hai Fen Dian　推荐星级★★★★★

太平洋百货淮海分店位于淮海中路333号，是淮海路大型综合型的高档豪华百货商场，内部装修豪华大气，环境幽雅舒适。

小贴士 TIP

- 上海黄浦区淮海中路333号
- 乘地铁1号线在黄陂南路站下；乘坐104、955路在淮海中路站下车

南昌路小店 | 怀旧和时尚品的聚集地

Nan Chang Lu Xiao Dian　推荐星级★★★★★

南昌路小店位于淮海中路，东起重庆南路，西至襄阳南路，道路两旁都有茂密的梧桐树和西洋化的建筑，曾有众多文人墨客来过此处。这里聚集了众多很有特色的小店，主要售卖时尚服饰和小摆设、相机、钟表、西洋铜器、银器及雕刻木窗、古董古玩等。除此之外，街上还有很多的书画屋，里面有很多的油画、浮雕画、现代画等，店内的装修非常古朴，在灯光的映衬下显得更加古色古香。

小贴士 TIP

- 上海黄浦区南昌路
- 乘地铁1号线和10号线在陕西南路站下；乘坐933、41路在淮海中路站下车

金枝玉叶 | 中式服饰店

Jin Zhi Yu Ye　推荐星级★★★★★

这是一家经营传统以及改良旗袍的定制店，里面的旗袍带有很多流行元素。店内是木质的拱门隔断，老式的沙发与手工刺绣，做工精美的旗袍展示了老上海的繁华。

小贴士 TIP

- 上海黄浦区淮海中路茂名南路98号
- 乘地铁1号线在陕西南路站下；乘坐911、2路在陕西南路站下车

古今内衣 | 老字号女性内衣店

Gu Jin Nei Yi　推荐星级★★★★★

古今内衣位于淮海中路871号，始创于20世纪40年代，是上海老字号女性内衣店。主要售卖女性的文胸、花式内裤、新潮的泳装等古今中外的内衣。质量和款式上都是上乘的。

小贴士 TIP

- 上海黄浦区淮海中路871号
- 乘地铁1号线在陕西南路站下；乘坐104、41路在淮海中路站下车

上海书城 | 淮海中路上规模最大的书店

Shang Hai Shu Cheng　推荐星级★★★★★

上海书城位于淮海中路，此书店是这条路上规模最大的书店。一共5层，分为五大主题馆，即文化教育馆、科学艺术馆、音像制品馆、社科文艺馆、少儿天地馆。

小贴士 TIP

- 上海黄浦区淮海中路717号
- 乘地铁1号线在陕西南路站下；乘坐104、955路在淮海中路站下车

上海香港三联书店 | 国内第一家港沪合资的书店

Shang Hai Xiang Gang San Lian Shu Dian　推荐星级★★★★★

上海香港三联书店位于淮海中路624号，是国内第一家港沪合资的书店。店内图书品种齐全，有科学类、社科类、经营管理类、艺术类、旅游类和各类音像制品等，尤其是外文原版书的种类很多。

小贴士 TIP

- 上海黄浦区淮海中路624号
- 乘地铁1号线在陕西南路站下；乘坐104、955路在淮海中路站下车
- 021-53064393

季风书园 | 又一个上海文化地标

Ji Feng Shu Yuan

推荐星级★★★★★

季风书园位于陕西南路站的地下大厅内，始创于1997年，是上海创办的第一家“季风书院”，是一个以人文学术类的图书为主的大型综合型书店，内部环境非常幽雅，宽敞明亮，布局比较现代化，还设有茶座。

小贴士 TIP

- 上海黄浦区陕西南路1号地铁站
- 乘地铁1号线在陕西南路站下；乘坐920、911、24路在陕西南路站下车
- 021-64152843

巴黎春天百货 | 高档舶来品的大型商场

Ba Li Chun Tian Bai Huo

推荐星级★★★★★

巴黎春天百货位于淮海中路939～947号，是上海一家引领时尚界高档品牌的大型百货商场。商场的外观古朴典雅、建筑为法式古典风格，气势宏伟，外墙上还有精美的浮雕。内部聚集了众多的世界顶级品牌，很多来自法国、意大利等欧洲国家，还有的来自日本，以服饰、化妆品及家具为主。环境非常舒适，还有咖啡屋。

小贴士 TIP

- 上海黄浦区淮海中路939～947号
- 乘地铁1号线在陕西南路站下；乘坐926、42、24路在陕西南路站下车

百盛购物中心 | 享有盛名的购物中心

Bai Sheng Gou Wu Zhong Xin

推荐星级★★★★★

百盛购物中心位于陕西南路918号，是淮海路享有盛名的购物中心。这里聚集了众多世界顶级潮流的时尚品牌，并且每逢双休都有商业节目表演，让顾客在购物的同时享受愉悦。

小贴士 TIP

- 上海黄浦区陕西南路918号
- 乘地铁1号线在陕西南路站下；乘坐926、920、24、42路在陕西南路站下车

陕西南路小店 | 淘个性服饰的圣地

Shan Xi Nan Lu Xiao Dian

推荐星级★★★★★

陕西南路小店位于陕西南路，街道的两旁都是很有特色的小店，主要售卖女士服饰、小饰品、女士鞋子、小玩偶等，被称为“上海女人街”。每个小店的装修都十分个性，售卖的东西也很有特色，并且价格便宜，是女孩子最喜欢的淘宝街。

小贴士 TIP

- 上海黄浦区陕西南路
- 乘地铁1号线在陕西南路站下；乘坐926、920、24路在陕西南路站下车

永嘉花市 | 上海最大的花卉批发市场

Yong Jia Hua Shi

推荐星级★★★★★

永嘉花市位于瑞金二路，是上海最大的花卉批发市场。上海所有的花商都到此来进货。这里的花卉种类齐全，品种丰富，且价格非常低廉。

小贴士 TIP

- 上海黄浦区瑞金二路
- 乘地铁10号线在陕西南路站下；乘坐24、96路在瑞金二路站下车

福佑路小商品街 | 中国的小商品街

Fu You Lu Xiao Shang Pin Jie

推荐星级★★★★

福佑路小商品街是上海首家由义乌投资管理、以义乌模式经营的小商店市场，被誉为“中国小商品城”。这里经营各种玩具、小吃、手工艺品、黄金饰品和各种小商品。

小贴士 TIP

- 上海黄浦区城隍庙福佑路
- 乘地铁10号线到豫园站下；乘坐789、803451路到豫园站下车即可

上海滩 | 中西结合的时尚服装店

Shang Hai Tan　　推荐星级★★★★★

上海滩位于太仓路181弄新天地广场北里15号楼，是上海滩中西结合的时尚服饰专卖店。店内的服饰糅合了中西方元素，也加入了一些时尚元素，同时也不乏中国的传统元素，把老上海滩的风情表现得淋漓尽致，备受时尚界人士的青睐。

小贴士 TIP

- 上海黄浦区太仓路181弄新天地广场北里15号楼
- 乘地铁1号线在黄陂南路站下；乘坐146路、大桥一线在兴业路站下车

日月光中心广场 | 中西结合的时尚服装店

Ri Yue Guang Zhong Xin Guang Chang　　推荐星级★★★★

日月光广场业态以餐饮食品、服装百货、数码产品为主，服饰以二三线品牌为主，体现时尚年轻的特点；餐饮品牌较多，囊括了从休闲餐饮、商务快餐、特色餐饮到商务宴请大型餐饮的各品牌餐饮店。

小贴士 TIP

- 上海黄浦区徐家汇路618号(近瑞金二路)
- 乘地铁9号线至打浦桥站；乘公交96路、机场3线、955路、985路、218路、徐川专线

亚龙国际广场 | 商业与商务的结合地

Ya Long Guo Ji Guang Chang　　推荐星级★★★★★

亚龙国际广场地处人民广场和淮海路共同构成的繁华都市的黄金三角地带。这里聚集了超级流行服饰、特色的美食、艺术家居和时尚造型等。这里不仅是购物天堂还是观光旅游的胜地。

小贴士 TIP

- 上海黄浦区金陵东路500号
- 乘地铁8号线在大世界站下；乘坐18、26、108路在人民广场站下车即可
- 021-63267371　　营业时间 10:00～22:00

上海音乐厅

上海第一座音乐厅

Shang Hai Yin Yue Ting

推荐星级★★★★★

上海音乐厅位于黄浦区延安路，建于1930年，原为“南京大戏院”，于1959年改名为上海音乐厅。上海音乐厅的建筑风格属于上海少有的欧洲传统建筑风格，休息大厅有16根合抱的赭色大理石圆柱，气度不凡；观众厅的构图简洁规范，富有层次变化，色彩庄重淡雅，与其演绎的古典音乐有着惊人的统一。大厅内共有观众席1122座，其中楼下640座，楼上482座，镜框舞台深8.35 m、宽16m，很壮观。

小贴士 TIP

- 上海黄浦区延安东路523号
- 乘地铁1号线和2号线在人民广场站下
- 021－53866666

南京东路步行街

上海第一商业街

Nan Jing Dong Lu Bu Xing Jie

推荐星级★★★★★

南京东路步行街西起西藏中路，东至河南中路，长1200多米。且东西两端均有一块暗红色大理石屏，上面是江泽民主席亲笔题写的“南京路步行街”。于国庆50周年时落成的这条步行街，使“百年南京路”焕然一新，成为上海又一处靓丽的城市新景观。《霓虹灯下的哨兵》——“南京路上好八连”更是一条亮丽的风景线。步行街上有很多百年老店，大都是中华老字号，是外地人来沪的必到之地，而且步行街有“中华商业第一街”的美誉。

小贴士 TIP

- 上海黄浦区南京东路
- 乘地铁2号线和10号线在南京东路站下；乘坐584、802在人民广场站下车即可

上海大剧院 上海又一标志性建筑

Shang Hai Da Ju Yuan 推荐星级★★★★★

上海大剧院位于人民广场，是上海的又一标志性建筑，它的存在使人民广场成为名副其实的政治文化中心。大剧院的建筑风格独特，非常别致新颖，融合了东西方文化的韵味。白色弧形拱顶和具有光感的玻璃幕墙有机结合，在灯光的烘托下，宛如一个水晶般的宫殿，很壮观、靓丽！这里特别适合拍照留影纪念。内部有大型的音乐厅和艺术画廊等，歌剧、音乐剧、芭蕾、交响乐、室内乐、话剧、戏曲等各类大型演出和综艺晚会曾在此举办过，它在国内外享有很高的知名度。

小贴士 TIP

- 上海黄浦区人民大道300号
- 乘地铁1号线、2号线和8号线在人民广场站下；乘坐916路空调车、123路空调车、49路在人民广场站下车即可
- 021—63868686
- 门票 40元

逸夫舞台 近代上海最大的戏剧剧场

Yi Fu Wu Tai 推荐星级★★★★★

逸夫舞台位于黄浦区福州路701号，始建于1925年，是近代上海最大的戏剧剧场。梅兰芳、周信芳、马连良等众多艺术家都曾在此献艺，其于1992年改为逸夫舞台。

小贴士 TIP

- 上海黄浦区福州路701号
- 乘地铁1号线、2号线和8号线在人民广场站下；乘坐802、930、584路在人民广场站下车即可

人民大舞台 秉承了大舞台百年历史

Ren Min Da Wu Tai 推荐星级★★★★★

人民大舞台位于黄浦区九江路663号上海亚洲大厦三至六层，它秉承了大舞台百年历史，从而蕴藏了深厚的人文气息，名扬海内外的剧场重新焕发新的光彩。舞台最有特色的是它的灯光，它采用了新型的现代化光源，从而达到它的最高境界，以此带给人们最大的视觉享受。

小贴士 TIP

- 上海黄浦区九江路663号
- 乘地铁1号线、2号线和8号线在人民广场站下车

和平饭店 外滩的老牌豪华饭店

He Ping Fan Dian

推荐星级★★★★★

和平饭店分为南楼和北楼两部分，分别位于中山东一路19号和20号，但都是上海的老字号。它建于1854年，是上海最古老的饭店之一。1956年，两家饭店合并重组，成为现在的和平饭店。两家饭店虽说是经过合并重组的，但在建筑风格上是非常统一的，南楼采用的是文艺复兴时期的建筑风格，装修极其奢华，还有两部老式的电梯，是民国时期安装的，就像是电影里饰演的，好像有防盗门一样的电梯，风格非常怀旧；北楼则比南楼大许多，并且北楼的顶部有一个墨绿色的玻璃金字塔，被建筑业的人士称为“华懋金字塔尖顶”，风格是芝加哥学院派，高大的建筑采用透亮的窗户，透露出明快的色彩，是现代派的建筑。饭店曾有很多名人光顾过，如卓别林、萧伯纳等，也为这个饭店增添了不少色彩。一层有咖啡厅，每天都有驻地乐队表演，在吃饭、喝咖啡的同时，可以享受美妙的音乐，感受天籁之音。

小贴士 TIP

- 上海黄浦区中山东一路20号
- 乘地铁2号线在南京东路站下；乘坐147、33、37、55路在中山东一路南京东路下车

共舞台 上海四大京剧舞台之一

Gong Wu Tai

推荐星级★★★★★

共舞台位于延安东路433号，是20世纪30年代上海四大京剧舞台之一。该剧场演绎过很多梅派的京剧，如“火烧红莲寺”、“宏碧缘”和“太平天国”等，很受市民的欢迎，由此在解放前而闻名。还演绎过沪剧、越剧等各种戏剧，现又开设录像、舞厅和歌厅等各种文化娱乐场所。

小贴士 TIP

- 上海黄浦区延安东路433号
- 乘地铁1号线、2号线和8号线在人民广场站下即可
- 021-51099910

茂名南路酒吧街 | 上海夜生活的首选地

Mao Ming Nan Lu Jiu Ba Jie　推荐星级★★★★★

茂名南路酒吧街布满了酒吧，夜景非常迷人，是年轻人的狂欢地，也是上海夜生活最有名的地方。这里的酒吧、剧院、西餐厅、老宾馆等承载了一股老上海的风情。

小贴士 TIP

- 上海黄浦区茂名南路
- 乘地铁1号线在陕西南路站下；乘坐945、920、42路在思南路站下车

新天地 | 石库门里的时尚生活

Xin Tian Di　推荐星级★★★★

新天地位于兴业路123弄新天地南里，这里是将已有百年历史的石库门建筑改造而成的时尚之都。这里有十多个国家和地区风格的近百家餐厅及酒吧，各具特色的咖啡厅、茶座和特色的小店。夜晚在灯光的照耀下显得更加美丽，是欣赏夜景的好地方。

小贴士 TIP

- 上海黄浦区兴业路123弄新天地南里
- 乘地铁1号线在黄陂南站下；乘坐930、802路在淮海东路站下车

新天地壹号 | 弄堂公馆式建筑

Xin Tian Di Yi Hao　推荐星级★★★★

新天地壹号位于太仓路181弄新天地广场北里1号楼，是一座弄堂公馆式建筑，如今在上海已经非常罕见。其外形非常有特色，地面铺着一层纸皮石，各层都有木楼梯及栏杆，还加有天井的玻璃顶棚，显得非常壮观、大气。

小贴士 TIP

- 上海黄浦区太仓路181弄新天地广场北里1号楼
- 乘地铁1号线在黄陂南路站下；乘坐146路、大桥一线在兴业路站下车

市工人文化宫 获得“金莲花”艺术金奖

Shi Gong Ren Wen Hua Gong

推荐星级★★★★

市工人文化宫位于西藏中路120号，建筑非常有特色，为古典欧罗巴建筑风格。馆内设有众多的文化和娱乐项目，如：文化项目和门类涉及文艺创作、影视创作、演出、展览、培训、文化交流、职工爱好者联合会等。另外还开办过很多对外交流活动，为此还获得了“金莲花”艺术金奖。

小贴士 TIP

- 上海黄浦区西藏中路120号
- 乘地铁1号线、2号线和8号线在人民广场站下
- 021-63526166

大光明电影院 欧式风格的电影院

Da Guang Ming Dian Ying Yuan

推荐星级★★★★★

大光明电影院很显眼，乳黄色外立面构成波浪中行进的帆船形状，屋顶是荷花形叠层，意大利大理石砌成抽象图案，西侧是长方形的玻璃和大门口乳白色的玻璃棚，显得十分别致。电影院内部环境也十分幽雅整洁，极富有气质，有“远东第一影院”的美称。

小贴士 TIP

- 上海黄浦区南京西路216号
- 乘地铁1号线、2号线和8号线在人民广场站下；乘坐930、584、802路在人民广场站下车即可
- 021-63274260
- 营业时间 10:00～23:00

和平影都 历史悠久的知名影院

He Ping Ying Du

推荐星级★★★★★

和平影院位于市中心人民广场，毗邻南京路步行街，是一家具有六十多年历史的沪上知名品牌影院。影院共7层，内部有餐厅、屋顶花园，还有观光电梯，环境幽雅，是休闲、娱乐、餐饮、观光的好去处。

小贴士 TIP

- 上海黄浦区西藏中路290号
- 乘地铁1号线、2号线和8号线在人民广场站下；乘坐930、802、584路在人民广场站下车即可
- 021-63612898

兰心大戏院 | 上海著名的影院

Lan Xin Da Xi Yuan

推荐星级★★★★★

兰心大戏院位于茂名南路57号，是中国第一座西式剧场，建筑是意大利文艺复兴时期的风格，棕色的外墙，显得古朴典雅。它见证了上海话剧百年来的沧桑历程，并且记录了梅兰芳、盖叫天、蒋英等艺术家的舞台人生。这里经常上映大型的话剧和音乐剧及电影。

小贴士 TIP

- 上海黄浦区茂名南路57号
- 乘地铁1号线在陕西南路站下；乘坐128、41路在延安中路站下车
- 021－62564738

兰生影剧院 | 国内最豪华的影院之一

Lan Sheng Ying Ju Yuan

推荐星级★★★★★

兰生影剧院位于淮海中路8号兰生大厦四楼、五楼，是目前上海最豪华的影院之一。原为上海盛名一时的黄金大戏院。里面共有5个多功能放映厅，并且采用的是国际先进的数码立体音响设备，环境舒适。影剧院外的夜景也很迷人。

小贴士 TIP

- 上海黄浦区淮海中路8号兰生大厦四楼、五楼
- 乘地铁8号线在大世界站下；乘坐41、955、128路在淮海中路站下车
- 021－63190000

UME新天地国际影城 | 情侣看电影的首选地

UME Xin Tian Di Guo Ji Ying Cheng

推荐星级★★★★

UME新天地国际影城位于新天地南里，目前是上海最新的顶级影院之一。“UME”是终极电影体验的英文缩写。院内有6个放映厅，其中六号是风格怀旧的豪华厅。里面可以躺着看电影，还有专为情侣设计的座位，气氛浪漫而又温馨。

小贴士 TIP

- 上海黄浦区兴业路123弄新天地南里6号楼5楼
- 乘地铁10号线在新天地站下；乘地铁1号线在黄陂南路站下；乘坐802、930路在淮海东路站下车
- 021－63733333

国泰电影院 | 上海著名的高档电影院

Guo Tai Dian Ying Yuan

推荐星级★★★★★

国泰电影院位于淮海中路870号，建于1930年，是上海著名的高档电影院。外观为绛红色的泰山砖墙面，白色的嵌缝，很宏伟大气，内部装修豪华奢侈，环境非常舒适。

小贴士 TIP

- 上海黄浦区淮海中路870号
- 乘地铁1号线在陕西南路站下；乘坐24、42、911路在陕西南路站下车

上海昆剧院兰馨舞台 | 周末票友聚会地

Shang Hai Kun Ju Yuan Lan Xin Wu Tai

推荐星级★★★★

上海昆剧院兰馨舞台位于绍兴路9号，又叫兰馨舞台。建筑内部是典型的装饰艺术特征，狭长的楼梯，精美的古典吊灯，大厅的墙上叠加着螺旋的石膏装饰，显得更加典雅大气。周末兰馨舞台经常举办昆剧票友聚会。

小贴士 TIP

- 上海黄浦区绍兴路9号
- 乘地铁9线在打浦桥站下；乘坐41、96路在瑞金医院站下车

汉源书店 | 上海人气最旺的书吧

Han Yuan Shu Dian

推荐星级★★★★

汉源书店位于绍兴路27号，创建于1996年。店内装修古朴典雅略带时尚欧洲的风情，老风琴、古董相机、木雕对联等，显得更加古朴怀旧。目前汉源书店是这条路上人气最旺的地方，店内有时尚畅销书、文艺书等可供顾客随手取阅。另外这里还设有咖啡座。

小贴士 TIP

- 上海黄浦区绍兴路27号
- 乘地铁1号线在陕西南路站下；乘坐128、41、96路在瑞金医院站下车

云南南路美食街 | 上海美食街之首

Yun Nan Nan Lu Mei Shi Jie

推荐星级★★★★★

云南南路美食街在沪上享有盛誉。美食街南起金陵东路，北起延安东路，且这里汇聚了小绍兴、小金陵盐水鸭、鲜得来排骨年糕等30多个中华有名小吃，因此也是上海名气最大的特色美食街。除此之外，这条街还有很多上海老字号，很多店都人气超旺。来上海旅游想要品尝下老上海的风味，云南南路美食街是不可错过的。

小贴士 TIP

上海黄浦区云南南路

乘地铁8号线在大世界站下；乘坐802、584路到人民广场站下车即可

小绍兴 | 白斩鸡最有名之地

Xiao Shao Xing

推荐星级★★★★★

小绍兴位于云南南路，它是一条以白斩鸡鸡粥出名的美食街，所以在当地有“说起白斩鸡，就数小绍兴”的美称。小绍兴20世纪30年代是上海的老字号，最初是云南南路小吃街的一个鸡粥摊，颇受人们的欢迎，现今已发展成为一个大型的店铺。这里的白斩鸡皮脆肉嫩，鲜香可口，营养丰富。

小贴士 TIP

上海黄浦区云南南路69～75号

乘地铁8号线到大世界站下；乘坐451、771、782、783、隧道三线在西藏南路宁海东路站下车即可

021－63260845

德兴面馆 | 香港老字号面馆

De Xing Mian Guan

推荐星级★★★★

德兴面馆位于云南南路美食街，最初始创于光绪年间，已是百年老字号，是上海种类最齐全的面馆，被誉为“面大王”。德兴焖肉蹄面相传出自乾隆盛世的御厨之手，被列为上海面类的榜首，且荣获国家“金鼎奖”。在德兴面馆里吃面，一定要喝汤，那里制作的面汤口味醇正，浇头鲜香，且面里面的肉质柔软，肉香浓郁，入口即化，肥而不腻，很值得品尝。特色菜肴有：小金陵盐水鸭和白斩鸡。

小贴士 TIP

上海黄浦区金陵东路416号1楼

乘地铁1号线在黄陂南路站下车；乘坐802、584路在人民广场站下车即可

021－63283838

金陵盐水鸭 味道鲜美，可“空口”吃的盐水鸭

Jin Ling Yan Shui Ya

推荐星级★★★★

金陵盐水鸭位于云南南路，是一家上海老字号。店内鸭肉咸鲜适口，滑嫩，非常地道，且肉质紧实周密，鸭皮不算太肥厚，味道鲜香可口。这里还有汤底，汤的味道浓郁，香醇可口。盐水鸭的价格实惠。

小贴士 TIP

- 上海黄浦区云南南路55号
- 乘地铁8号线在大世界站下
- 021-63266436 人均消费 18元

梨膏糖 上海老字号特产之一

Li Gao Tang

推荐星级★★★★

梨膏糖，中华老字号产品，是上海市的著名特产之一。梨膏糖是纯白砂糖（不含饴糖、香精、色素）与杏仁、川贝、半夏、茯苓等14种国产良药材（碾粉）熬制而成的。口感甜如蜜、松而酥、不腻不粘、芳香适口、块型整齐、包装美观，由于品质优良，疗效显著。上海梨膏糖历史悠久，起源可追溯到唐朝，在清朝盛行，目前在国内外享有盛名，深受男女老少的喜爱。

小贴士 TIP

- 上海黄浦区福佑路238号豫园内
- 乘地铁10号线在豫园站下车；乘坐24、26、64、801路到豫园站下车即可
- 营业时间 9:00～21:00

五香豆 到上海必尝的美味特产

Wu Xiang Dou

推荐星级★★★★★

五香豆又称“城隍庙奶油五香豆”。1930年以前，上海已有以桂皮、茴香等香料烧制的小青豆制食品，颇受市民欢迎。1930年后，小业主郭瀛洲独辟蹊径，选用嘉定产的“三白”蚕豆，添加茴香、陈皮、桂皮、食糖、香精等配料烧制，使蚕豆口感软中带硬，咸中带甜。这也是上海较早使用食用香精的食品，未尝味就已闻到一股清淡的奶油香味，郭氏称该豆添加了五种一般人所不知的香料制成，遂称“奶油五香豆”。五香豆现已成为上海特色产品，所以沪语有“勿吃城隍庙五香豆，等于没来过上海”之说。1997年南市区举办的上海国际旅游节中，节日吉祥物“豆豆”即取五香豆形象。

小贴士 TIP

- 上海黄浦区福佑路238号豫园内
- 乘地铁10号线到豫园站下
- 人均消费 24元

南翔小笼 | 馅最讲究的小笼

Nan Xiang Xiao Long

推荐星级★★★★★

南翔小笼位于上海黄浦区豫园路85号，店内最受人欢迎的就是小笼包。包子皮薄馅多，选用精白面擀成薄皮，馅以精肉为主，不添加任何味精，以取其鲜，在向馅里撒些芝麻，以取其香，并且还根据时令取蟹粉、春竹、虾仁掺入肉馅，一个包子一两面粉，形状小巧玲珑。

小贴士 TIP

- 上海黄浦区豫园路85号
- 乘地铁10号线到豫园站下；乘坐801、930、64路在新北路站下车即可
- 营业时间 7:30～21:00　021-63554206　人均消费 35元

绿波廊 | 接待过众多国家级贵宾的老字号菜馆

Lv Bo Lang

推荐星级★★★★★

绿波廊位于上海城隍庙九曲桥畔，是明嘉靖年间的百年老字号。环境幽雅古朴，里面的招牌菜有八宝鸭、扇形甩水、生爆鳝背、萝卜丝酥饼。绿波廊的点心被称为上海顶级点心，形状精致小巧，味道地道。很多人还专程赶到绿波廊指明要品尝“克林顿套餐”、“卡斯特罗套餐”等。

小贴士 TIP

- 上海黄浦区豫园路115号
- 乘地铁10号线在豫园站下；乘坐64、930、801路在豫园站下车即可
- 021-63280602　人均消费 122元

松月楼 | 上海第一素菜楼

Song Yue Lou

推荐星级★★★★★

松月楼是上海的老字号素菜馆，始创于1910年。店内有很多特色的面点，菜肴以素菜享誉海内外。其中最有名的是素菜包，刚出笼的素菜包颜色洁白、馅心青脆、饱满松软，让人一尝就倾心。店内的招牌菜有：炒蟹粉、走油蹄子、酷熘黄鱼、五香全鸭等，价格比较实惠。

小贴士 TIP

- 上海黄浦区旧校场路99号
- 乘地铁10号线在豫园站下；乘坐581、24、64路在豫园站下即可
- 021-63553630
- 人均消费 13元

上海老饭店 | 口味最正宗的本帮菜馆子

Shang Hai Lao Fan Dian　推荐星级★★★★★

上海老饭店地处有“海上明园”之称的豫园商业旅游区内，始创于清光绪年间，是上海菜的发祥地。现在上海老饭店的建筑富丽堂皇、典雅大气。内部装修颇为古色古香，墙上还挂着上海开埠以来不同阶段的老照片，一进屋仿佛回到20世纪三四十年代的老上海。香港企业家邵逸夫、俄罗斯前总统普京的夫人和刘少奇的夫人等都曾光临过。

小贴士 TIP

- 上海黄浦区福佑路242号
- 乘地铁10号线在豫园站下；乘坐64、24路在豫园站下车即可
- 营业时间 11:00～14:00；17:00～22:00

鲜得来 | 以经济实惠的排骨年糕闻名上海滩

Xian De Lai　推荐星级★★★★

鲜得来位于上海云南南路美食街，是一家以传统手工制作的排骨年糕为主的点心小吃店，始创于1921年，是上海最有名的老字号之一。鲜得来的排骨年糕洁白细腻，经济实惠，味道鲜美，肥而不腻，在制作过程中既保持了肉质原有的鲜美，还保存了一定的营养价值。它不仅经营排骨年糕还经营很多特色的小吃、卤味、快餐等。

小贴士 TIP

- 上海黄浦区云南南路46号
- 乘地铁4号线到鲁班路下；乘坐18、584、802路到人民广场站下车即可
- 营业时间 10:00—20:30
- 021～63261284　人均消费 19元

大富贵酒楼 | 口味地道的上海传统小吃

Da Fu Gui Jiu Lou　推荐星级★★★★

大富贵酒楼位于上海黄浦区中华路，是上海一家老字号酒楼，以口味地道的上海传统小吃闻名。里面的招牌小吃有：小馄饨皮脆而有弹性，汤汁鲜美；生煎皮薄底脆；排骨年糕既好吃又实惠；招牌菜生菜鱼米包很值得一尝。

小贴士 TIP

- 上海黄浦区中华路1409号
- 乘地铁8号线和10号线在老西门站下；乘坐802、18、789、451路在老西门下车即可
- 营业时间 10:45～22:00；4:45～8:30　021－63770322　人均消费 15元

沈大成 最著名的老字号面点小吃

Shen Da Cheng 推荐星级★★★★★

沈大成是上海著名的老字号小吃店，创建于1875年。沈大成注重选料、做工精细。特别是沈大成的寿团、桂花条头糕、寿桃等品种享有盛誉。除此之外，店内还有各式的面食及宴席点心蟹粉小笼等，口碑都非常好。

小贴士 TIP

- 上海黄浦区南京东路636号
- 乘地铁2号线和10号线在南京东路站下；乘坐802、584、930路在人民广场站下车即可
- 营业时间 7:00～24:00
- 021-63224926
- 人均消费 16元

真老大房 地道的老字号食品店

Zhen Lao Da Fang 推荐星级★★★★★

真老大房位于上海南京东路福建中路路口，是上海的一家老字号食品店，这里自制的鲜肉月饼颇受青睐。每天都有很多顾客在店内排队等候购买新鲜出炉的鲜肉月饼。除此之外，店内还出售熏蛋、熏鱼等腌制品。

小贴士 TIP

- 上海黄浦区南京东路536号
- 乘地铁2号线和10号线到南京东路下；乘坐802、584、930路在人民广场站下车即可
- 营业时间 9:30～22:00
- 021-63223928
- 人均消费 7元

东风饭店 过去远东闻名的上海总会

Dong Feng Fan Dian 推荐星级★★★★

东风饭店位于上海中山东一路3号，建于1912年，是一座典型的英国古典式建筑，它以拥有当时东方最长的酒吧而骄傲一时。大楼外观是典型的英国古典主义风格，它的横直线条处理得体，尤其是横线条，给人平衡、匀称、和谐的感觉。墙面装饰带有巴洛克式。内部装修精致，木雕细腻，顶上石膏镂花多用花环或花草图案，为典雅的巴洛克式塔顶，成为该建筑物的特殊标记。其内部设有酒吧、餐厅等。

小贴士 TIP

- 上海黄浦区中山东一路2号
- 乘地铁2号线在南京东路站下车

乔家栅 | 老字号糕点店

Qiao Jia Zha

推荐星级★★★★

乔家栅是上海著名的老字号店，始创于1909年，前身是永茂昌汤团店。乔家栅经营各种样式的江南传统年糕，曾多次获得奖项，店内主要出售糕团、鲜肉月饼、熟菜、粉丝汤、锅贴和各类面条等。

小贴士 TIP

- 上海黄浦区山西南路33号
- 乘地铁2号线和10号线在南京东路下；乘坐18、584、802路在人民广场站下车

老半斋 | 受人青睐的淮扬风味老字号

Lao Ban Zhai

推荐星级★★★★

老半斋是淮扬风味的百年老店，是当年文人墨客聚集的地方，鲁迅、于右任等都是这里的座上客，在20世纪30年代老半斋的雪菜烩面风靡当时整个上海滩。材料是用猪大骨、盎刺鱼、鸡骨等熬制而成的上等汤品，味道醇厚鲜香，至今仍是本店的招牌。

小贴士 TIP

- 上海黄浦区福州路600号
- 乘地铁1号线、2号线和8号线到人民广场站下；乘坐518、582、802路在人民广场站下车即可
- 021-63222809
- 营业时间 6:00～14:00；17:00～20:30
- 人均消费 21元

王宝和 | 吃大闸蟹必到之地

Wang Bao He

推荐星级★★★★★

王宝和位于福州路603号，在老半斋对面。这里是吃大闸蟹必到之地，故这里的螃蟹号称“蟹大王”，亦是上海很有名的吃螃蟹的餐厅，消费也非常高。

小贴士 TIP

- 上海黄浦区福州路603号
- 乘地铁1号线和8号线在人民广场站下；乘地铁2号线在南京东路站3号口出；乘坐584路在人民广场站下车即可
- 营业时间 11:00～13:30；17:00～21:00
- 021-63223673
- 人均消费 329元

老正兴 | 上海知名的“饭店之王”

Lao Zheng Xing

推荐星级★★★★★

老正兴位于福州路，始创于清朝同治年间，距今已经有140余年的历史，是上海知名的老饭店，曾被称为“饭店之王”。老正兴的生意兴隆，现今已有140余家，福州路的老正兴门面装修古色古香，经营地道的本帮菜。店内还可以住宿，价格实惠，条件也很不错。

小贴士 TIP

- 上海黄浦区福州路556号
- 乘地铁2号线、8号线到人民广场路下；乘坐18、584、802路到人民广场站下车即可

振鼎鸡 | 上海人最爱的白斩鸡快餐店

Zhen Ding Ji

推荐星级★★★★★

振鼎鸡肉嫩鲜香，吃起来爽口。店内还提供鸡汤面、鸡粥、鸡汁拌面等特色美味主食。这家快餐店的生意相当红火，每天中午都会有很多顾客在此排队等候，且多半都是上海人，振鼎鸡的口碑也很好。

小贴士 TIP

- 上海黄浦区福州路440号
- 乘地铁2号线和10号线在南京东路下；乘坐802、584路在人民广场站下车即可
- 021-63500458

杏花楼 | 西餐和粤菜融合的餐厅

Xing Hua Lou

推荐星级★★★★★

杏花楼位于福州路343号，创办于1851年，这里以粤菜为主，三楼是西餐厅，是民国时期政府要员、社会名流和各国驻沪领事经常出入光顾的地方。

特色菜肴 鸡汤面、鸡粥、鸡汁拌面

小贴士 TIP

- 上海黄浦区福州路343号
- 乘地铁1号线、2号线和8号线在人民广场站下；乘坐584、802路在人民广场站下车即可
- 021-63280504
- 人均消费 60元

五芳斋点心店 | 粽子最有名的地方

Wu Fang Zhai Dian Xin Dian　推荐星级★★★★★

五芳斋点心店创建于1858年，是上海传统的老字号。店内自制的糕团采用的材料有：松花、莲花、玫瑰、桂花、荷花五种清香的自然植物香料，故取名为“五芳斋”。点心最有特色的就是糕团，有清明节的清团、端午节各式的粽子、重阳糕等。还有自产的寿桃、糖年糕、蛋黄冷面、特色的小馄饨等都颇受 欢迎。

小贴士 TIP

- 上海黄浦区四川中路136号
- 乘地铁2号线和10号线在南京东路站下；乘坐926、26、145路在金陵东路外滩站下车即可
- 营业时间 6:30～19:30　021-63210018　人均消费 11元

黄河路美食街 | 偏重于上海本帮菜的美食街

Huang He Lu Mei Shi Jie　推荐星级★★★★★

黄河路美食街以上海本帮菜海鲜、河鲜为主，周围的小店也很多，大多都是上海老字号，并且每家都有自己的招牌，价格比较实惠，口味清淡鲜嫩，很迎合上海本地人的口味。黄河路美食街有很多各种特色的上海小吃和美食，所以来这里的选择也很多，其中小杨生煎馆的人气最旺，人来人往，络绎不绝。

小贴士 TIP

- 上海黄浦区黄河路
- 乘地铁1号线到新闸北路站下，或乘地铁1号线、2号线和8号线在人民广场站下；乘坐844、213、859路在晋园路站下

功德林 | 有名的素食餐馆

Gong De Lin　推荐星级★★★★★

功德林位于南京西路，始创于1922年，是上海很有名的老字号素菜馆。店内装修古色古香，环境幽雅，在大上海喧闹的城市里独竖一帜。店内特色菜有：八宝鸭、松子黄鱼、兰花鲍鱼、黄油蟹粉、香油小龙丝素面等。

小贴士 TIP

- 上海黄浦区南京西路445号
- 乘1号线、2号线和8号线在人民广场下；乘坐37、136在黄河站下车即可

夜上海 吃沪菜的高档餐厅

Ye Shang Hai

推荐星级★★★★★

夜上海位于黄浦区太仓路181弄，这里是沪菜最高档的菜馆之一。环境非常幽雅、舒适。特色菜有：芒果布丁、虾球、醉鸡、片皮鸭。除此之外，这里的点心做的也非常精致可口，并且还提供免费的小笼包。

小贴士 TIP

- 上海黄浦区太仓路181弄新天地广场北里六楼一单元
- 乘地铁1号线在黄陂南路站下；乘坐大桥一线、146路在兴业路站下车

新吉士酒楼 招牌菜——外婆红烧肉

Xin Ji Shi Jiu Lou

推荐星级★★★★★

新吉士酒楼位于黄浦区太仓路181弄新天地广场北里9号楼，这里是口味正宗的本帮菜馆之一。里面的招牌菜有：外婆红烧肉、水晶虾仁、糖醋小排。

小贴士 TIP

- 上海黄浦区太仓路181弄新天地广场北里9号楼
- 乘地铁1号线在黄陂南路站下；乘坐146、大桥一线在兴业路站下车

凯博西餐厅 吃地道美国菜的首选地

Kai Bo Xi Can Ting

推荐星级★★★★★

凯博西餐厅位于太仓路181弄新天地广场北里5号楼，这里经营着地道的美国菜。招牌菜为：牛排、巧克力芝士蛋糕、黑胡椒牛肉意面。菜的分量很足，价格较高。

小贴士 TIP

- 上海黄浦区太仓路181弄新天地广场北里5号楼
- 乘地铁1号线在黄陂南路站下；乘坐146、大桥一线在兴业路站下车

天泰餐厅 | 吃地道泰国菜的不二选地

Tian Tai Can Ting

推荐星级★★★★★

天泰餐厅位于太仓路181弄新天地广场北里27号楼1单元1楼，这里是很有名的泰国菜餐馆。这里环境非常好，招牌菜有：青咖喱、黑椒软壳蟹、天泰特色拼盘、青咖喱鸡肉、泰酱空心菜、香兰西米布丁，味道非常鲜美。

小贴士 TIP

- 上海黄浦区太仓路181弄新天地广场北里27号楼1单元1楼
- 乘地铁1号线在黄陂南路站下；乘坐146、大桥一线在兴业路站下车

真的好海鲜 | 顶级海鲜

Zhen De Hao Hai Xian

推荐星级★★★★★

真的好海鲜位于太仓路123弄新天地广场南里1号楼，餐馆的建筑为老式小洋房，这里的人气很旺，想来此吃海鲜必须提前预定，并且价格也相当高。

小贴士 TIP

- 上海黄浦区太仓路123弄新天地广场南里1号楼
- 乘地铁1号线在黄陂南路站下；乘坐146、大桥一线在兴业路站下车

翡翠酒家 | 高档的粤菜馆

Fei Cui Jiu Jia

推荐星级★★★★★

翡翠酒家位于太仓路123弄新天地广场南里6—7二号楼，这里的点心非常精致。水晶虾饺个大馅多；萝卜丝酥饼也非常美味，但是价格都非常昂贵。

小贴士 TIP

- 上海黄浦区太仓路123弄新天地广场南里6—7二号楼
- 乘地铁1号线在黄陂南路站下；乘坐146、大桥一线在兴业路站下车

百草传奇 | 中药文化餐厅

Bai Cao Chuan Qi　推荐星级★★★★★

百草传奇位于太仓路123弄新天地广场南里1号楼，是一家以养生文化为主题的餐厅。餐厅内有很多罕见的草药及四时养生常识，还展示了一些历史名人的饮食观。餐厅内的最大特点是里面的菜用中草药作为配料，但味道中并没有中药味，也比较清淡。

小贴士 TIP

- 上海黄浦区太仓路123弄新天地广场南里1号楼
- 乘地铁1号线在黄陂南路站下；乘地铁10号线在新天地站下；乘坐146路、大桥一线在兴业路站下车

采蝶轩 | 吃香港美食的首选地

Cai Die Xuan　推荐星级★★★★★

采蝶轩位于黄浦区太仓路123弄新天地广场南里2号楼，是一家港式美食餐厅。口味比较清淡，菜的味道非常正宗，点心也做得非常精致。推荐菜肴有：虾饺、老火例汤、乳鸽、糯米鸡翅、水果布丁、榴莲酥。

小贴士 TIP

- 上海黄浦区太仓路123弄新天地广场南里2号楼
- 乘地铁1号线在黄陂南路站下；乘坐146路、大桥一线在兴业路站下车

香啡缤 | 拿铁最好喝的地方

Xiang Fei Bin　推荐星级★★★★★

香啡缤位于太仓路181弄新天地广场北里10号楼，是一家人气十足的咖啡店，里面还经营各种西餐。环境非常幽雅，适合午后闲谈和夜晚闲坐。推荐饮品：拿铁、摩卡拿铁、蓝莓cheese。这里还有无线网络。

小贴士 TIP

- 上海黄浦区太仓路181弄新天地广场北里10号楼
- 乘地铁10号线在新天地站下；乘坐146路、大桥一线在兴业路站下车

北万新 | 上海老字号小吃店

Bei Wan Xin

推荐星级★★★★★

北万新位于黄浦区雁荡路462号，是上海著名的老字号小吃店。里面最有名的是包子，其皮薄馅大，鲜香可口，很美味。店里面的排骨年糕也深受上海人的青睐哦，糯软可口，酥香美味。推荐菜有：烧卖、豆腐粉丝汤、锅贴。

小贴士 TIP

- 上海黄浦区雁荡路462号
- 乘地铁1号线在陕西南路站下；乘坐920、42路在思南路站下车
- 021－3868377

鲜得来 | 吃美味排骨年糕的首选地

Xian De Lai

推荐星级★★★★★

鲜得来位于黄浦区雁荡路9号，是上海很有名的老字号小吃店之一。店内的排骨年糕是招牌，味道鲜香滑嫩，口碑非常好。

小贴士 TIP

- 上海黄浦区雁荡路9号
- 乘地铁1号线在黄陂南路站下；乘坐926、隧道八线在淮海中路站下车
- 021－63868377

沧浪亭 | 正宗的苏式面馆

Cang Lang Ting

推荐星级★★★★★

沧浪亭位于淮海中路新华书店旁，是一家正宗的老牌苏式面馆。馆内的面很劲道，面汤味道鲜美，味道正宗。里面各种浇头的品种非常齐全，价格也非常实惠。推荐食物有：三虾面、葱油面、雪菜黄鱼面、油爆虾。

小贴士 TIP

- 上海黄浦区淮海中路689～691号
- 乘地铁9号线在马当路站下；乘坐933、253、869路在延安中路站下车

老夜上海餐厅 | 吃本帮的高档菜餐厅

Lao Ye Shang Hai Can Ting

推荐星级★★★★★

老夜上海餐厅位于茂名南路59号老锦江饭店北楼11楼，是一家吃本帮菜的高档餐厅。餐厅内部装修颇为怀旧，仿佛回到了老上海的歌舞厅。招牌菜有：蟹粉豆腐、糖醋排骨、宫保鳝背、油爆虾。

小贴士 TIP

上海黄浦区茂名南路59号老锦江饭店北楼11楼

乘地铁10号线在陕西南路站下；乘坐911、42路在陕西南路站下车

红房子西菜馆 | 上海老牌西餐厅

Hong Fang Zi Xi Cai Guan

推荐星级★★★★★

红房子西菜馆位于茂名南路845号，是上海老牌西餐厅，在上海享有盛名。餐厅的建筑外观很有特色，一身亮丽的红砖外墙更加显眼。馆内主营法国菜，招牌菜有：海鲜杯、洋葱汤、牛尾汤、麦西尼鸡、红酒鸡、烙蛤蜊，味道非常鲜美。

小贴士 TIP

上海黄浦区茂名南路845号

乘地铁1号线在陕西南路站下；乘坐911、24路在陕西南路站下车

苏浙汇 | 欧式建筑的餐厅

Su Zhe Hui

推荐星级★★★★★

苏浙汇位于淮海路与茂名路的交汇处，餐厅的建筑为欧式风格，内部装修富有浪漫的格调。主要经营本帮菜，招牌菜有：清蒸鲥鱼、水果沙拉、清炒虾仁、越式牛肉粒、樟树鸭、蜜汁火方。

小贴士 TIP

上海黄浦区茂名南路127号

乘地铁1号线在陕西南路站下；乘坐911、42路在陕西南路站下车

上海1931　具有20世纪30年代上海情调的餐厅

Shang Hai 1931

推荐星级★★★★★

上海1931位于茂名南路112号，是一家具有20世纪30年代上海情调的餐厅。餐厅内部装修显得高贵典雅，复古怀旧的落地窗更显老上海的风情。还有老式的家具、古典的壁纸等无不显示老上海滩的温情与繁华。餐厅内经营各式上海菜肴，招牌为点心拼盘。

小贴士 TIP

- 上海黄浦区茂名南路112号
- 乘地铁1号线在陕西南路站下；乘坐911、42路在陕西南路站下车

瑞福园联谊餐厅　本帮菜最受青睐的餐厅

Rui Fu Yuan Lian Yi Can Ting

推荐星级★★★★★

瑞福园联谊餐厅位于名南路132号，这里的本帮菜最受青睐。餐厅的环境一般，但是里面菜的味道很是地道，人气相当旺，经常都是人满为患。招牌菜有：雪菜烤鲈鱼、面粉炒蟹、大黄鱼棒打小馄饨、油爆虾。

小贴士 TIP

- 上海黄浦区茂名南路132号
- 乘地铁10号线在陕西南路站下；乘坐911、42路在陕西南路站下车

丰裕生煎　百年老字号生煎

Feng Yu Sheng Jian

推荐星级★★★★★

丰裕生煎位于陕西南路287弄，这里是上海地道的生煎，味道非常正宗，最好吃的是生煎馒头，已有百年历史。

小贴士 TIP

- 上海黄浦区陕西南路287弄
- 乘地铁9号线在马当路站下；乘坐104、41路在瑞金医院站下车

徐汇区

Xuhuiqu

徐汇区位于上海中心城区的西南部，原上海法租界内各式高级花园洋房是徐汇区最具特色的地区之一，也是城市发展的历史产物和重要组成部分。徐汇区是较早基本完成旧区改造的中心城区之一，市容环境优美，人文底蕴深厚。

徐家汇藏书楼 | 近代上海第一座西式风格的图书馆

Xu Jia Hui Cang Shu Lou

推荐星级★★★★★

徐家汇藏书楼位于徐汇区漕溪北路，始建于1847年，是法国天主教耶稣会士在上海创办的第一家近代图书馆。现分为南北交错的两栋建筑：北楼的上层为西文书库，下层为中文书库，仿照明代宁波天一阁风格；南楼为原耶稣住院。馆内有旧日文文献、天主教神学资料、汉学资料、西文珍本典籍。

小贴士 TIP

- 上海徐汇区漕溪北路80号
- 乘地铁1号线在徐家汇站下；乘坐732、923、56路在漕溪北路站下车即可

徐家汇天主教堂 | 华美精致的“远东第一大教堂”

Xu Jia Hui Tian Zhu Jiao Tang

推荐星级★★★★★

徐汇区天主教堂位于蒲西路158号，始建于清光绪22年。大教堂的建筑为哥特式风格，红色的砖墙，白色的石柱，青灰色的石板瓦顶，两座钟楼南北对峙，高耸入云。大教堂的规模巨大、造型美观、工艺精湛，有“远东第一大教堂”之称。大教堂附近有博物馆、修道院、天文台、藏书楼等。

小贴士 TIP

- 上海徐汇区蒲西路158号
- 乘地铁1号线在徐家汇站下；乘坐920、926、42路在徐家汇站下车即可
- 021—64690930

徐家汇公园 | 包罗万象的公园

Xu Jia Hui Gong Yuan

徐家汇公园北起衡山路、南至肇嘉浜路、西临天平路、东近宛平路。园内以绿色为主色调，以茂密的大乔木、各类花灌木、地被植物构成为主。公园整体布局呈上海版图状，公园湖设计成黄浦江形状，特别是“黄浦江”上架设了“徐浦”、“卢浦”、“南浦”、“杨浦”4座“大桥”，并在湖面第一个弯道处设计了豫园景观，更显示出公园的人文景观。徐家汇公园东南侧还保留了上海20世纪三四十年代建造的风格典型的民居。

小贴士 TIP

- 上海徐汇区肇嘉浜路
- 乘地铁1号线和9号线在徐家汇站下；乘坐920、42、926路在徐家汇站下车即可

徐光启墓 | 中国近代科学先驱

Xu Guang Qi Mu　　推荐星级★★★★★

徐光启是中国明代的科学家，在农业学、自然科学、数学、测量、水利等方面有很高造诣，为中国的科学事业做出了杰出的贡献。徐光启墓地有徐光启夫妇和4个孙子的墓穴，墓地东面有徐光启半身花岗石雕像、碑廊以及徐光启手稿。

小贴士 TIP

- 上海徐汇区南丹路17号光启公园内
- 乘地铁1号线在徐家汇站下；乘坐584、42、926路在徐家汇站下车即可

龙华烈士陵园 | 祭拜革命先烈之地

Long Hua Lie Shi Ling Yuan　　推荐星级★★★★★

龙华烈士陵园位于龙华寺西侧，建于1928年。这里原为国民党淞沪警备司令部旧址和龙华革命烈士就义地，是一座集纪念、瞻仰、旅游、文化、园林名胜于一体的新颖陵园，素有“上海雨花台”之称。园内包括烈士陵园、烈士纪念馆、革命烈士纪念地三部分，环境清幽，绿荫环绕，枫树成林。

小贴士 TIP

- 上海徐汇区龙华西路180号
- 乘地铁3号线在龙漕路站下；乘坐664、932路在龙华镇站下车即可

龙华寺 | 是上海历史最悠久，规模最大的庙宇

Long Hua Si　　推荐星级★★★★★

南郊龙华寺是中国著名的佛教古刹之一，同时也是上海历史最悠久、规模最大的古庙宇。寺内环境幽静，殿宇巍峨，金碧辉煌，佛像祥和凝重。寺内殿堂齐整，布局合理，主要建筑有：钟楼、鼓楼、弥勒殿、天王殿、大雄宝殿、三圣殿等。寺前的龙塔建于三国时期，是上海保存最完好的古塔，被称为“千年古塔”。这里还有牡丹可欣赏。

小贴士 TIP

- 上海徐汇区龙华路2853号
- 乘地铁3号线在龙漕路站下；乘坐932、864路在华龙镇站下车即可
- 021-64566085　　门票 10元

龙华古镇 上海的老名镇

Long Hua Gu Zhen

推荐星级★★★★★

这里人口密集，繁华热闹，各种各样的店铺集中，商市繁荣。这有上海历史最悠久、规模最大的古刹——华龙寺；还有与龙华寺交相辉映的龙华古塔——上海市区唯一的宝塔，都矗立在此。并且自明末清初，每年初春都会在这里举行规模盛大的庙会，世称“龙华庙会”，相传至今，历久不衰。

小贴士 TIP

- 上海市徐汇区龙华古镇
- 乘坐108、106、109、104、107路在龙华镇站下
- 021-32100570

龙华塔 造型精致的宝塔

Long Hua Ta

推荐星级★★★★★

塔高40.40m，外部砖木结构，七层八面，每层的外形都是飞檐高翘，角挂风铃，姿态雄奇，造型美观，玲珑剔透，非常美观；内壁呈方形，底层高大，逐层收缩成密檐。每层四面皆有塔门，逐层转换，塔内楼梯旋转而上，可供游人登塔远眺，黄浦江的美景尽收眼底；塔顶饰有七相轮，檐下悬有56个铜铃，风动铃响，姿态雄伟美观。

小贴士 TIP

- 上海徐汇区龙华路
- 乘地铁3号线在龙漕路站下；乘坐41、44、44区、166、167、714、733、734、864、933路在龙华路花容路站下车即可

龙华庙会 历史悠久的传统庙会之一

Long Hua Miao Hui

推荐星级★★★★★

龙华庙会是上海历史悠久的传统庙会之一，亦是商品集市、民间信仰和民间娱乐相结合的综合性庙会，是独特的海派庙会。龙华庙会不仅举办信仰活动，还进行商品贸易和娱乐等重要的活动。龙华庙会旁边有龙华古镇、龙华塔、龙华寺著名旅游景点。

小贴士 TIP

- 徐汇区龙华路龙华塔附近
- 乘坐41、44、44区、166、167、714、733、734、864、933路在龙华路花容路站下车即可

国际礼拜堂

上海最大的基督教堂

Guo Ji Li Bai Tang

推荐星级★★★★★

国际礼拜堂位于徐汇区衡山路53号，是上海最大的基督教堂。此建筑为近代哥特式砖木结构，英国民间乡村风格，屋顶为交叉型木屋架。大门朝北，两边设有尖拱长廊，窗框为弧拱形，镶嵌梅花纹玻璃，教堂外面环境幽静。教堂平时有读经班、唱诗班等，每逢圣诞节、复活节都会举行大型的音乐会。

小贴士 TIP

上海徐汇区衡山路53号

乘地铁1号线在衡山路站下；乘坐927、113、506路在乌鲁木齐站下车即可

021-64376576

宋子文故居

民国时期的“革命”才人

Song Zi Wen Gu Ju

推荐星级★★★★

宋子文故居位于东平路11号，建于1921年。宋子文是民国时期的政治家、外交家、金融学家，是民国时期的“革命”才人。其住宅为荷兰风格的花园住宅，建筑有典型的荷兰式顶屋，上坡缓而下坡陡，下坡近檐口向上翘起。这幢建筑的南立面原是宽大的弧形露台，现全加装了玻璃门窗。住宅特点是：大露天阳台，宅前有大花园，花园里有各色植物。宋子文故居位于东平路上，这是一条名人宅邸扎堆的路。小路周围有十多栋花园别墅，曾是蒋介石、宋子文、孔祥熙、席德懿等近现代名人的宅邸。

小贴士 TIP

上海徐汇区东平路11号

乘坐102、106、107、103、104、108、105路在东平路站下车即可

陈毅故居

开国元勋的故居

Chen Yi Gu Ju

推荐星级★★★★★

陈毅是我国的开国元勋，而其故居则是一座具有浓厚川中村民居特色的三重堂四合院木质结构瓦房，两侧是花圃，是中国古典式庭院建筑风格，院中有尊汉白玉陈毅与夫人张茜的石雕像，古朴典雅，美观大方。大门挂着“陈毅故居文物陈列馆”的匾额。其中邓小平同志手书的“陈毅故居”四个大字刚劲豪放，引人注目。整座庭院松柏挺秀、竹径幽深，显示出一派肃穆幽静的气氛。

小贴士 TIP

上海徐汇区陈毅故居余庆路190号

乘坐107、104、110、103、102路在余庆路站下车即可

黄兴故居 辛亥革命领袖的独特洋房

Huang Xing Gu Ju

推荐星级★★★★★

黄兴故居位于徐汇区武康路393号，是黄兴在上海的公寓。黄兴是我国近代民主革命家，也是辛亥革命的领袖人物。其故居是四层小楼，楼前有花园，周围还有郁郁葱葱的树木，此故居为西洋文艺复兴时期的新古典主义风格，淡黄色的墙壁，棕红色的门窗，精致优美，在这一带是一座很独特的花园洋房。

小贴士 TIP

- 上海徐汇区武康路393号
- 乘地铁10号线在上海图书馆站下；乘坐506、113路在武康路站下车即可
- 021－64335000

上海交通大学 我国第二所现代意义上的大学

Shang Hai Jiao Tong Da Xue

推荐星级★★★★★

上海交通大学始建于1896年，是满清在上海建立的南洋公学，也是我国第二所现代意义上的大学。大学内部的建筑宏伟大气，古朴典雅，外墙为青红砖相间砌筑，门前的洞呈弧形。里面最有特色的是图书馆，馆的建筑呈折中主义，是上海交通大学最显眼的标志。大学门前还立了两尊白色的石狮，更为这所大学增添了不少气色。

小贴士 TIP

- 上海徐汇区华山路1954号
- 乘地铁9号线在徐家汇站下；乘坐26、920路在交通大学站下车即可

新康花园 西班牙风格的花园

Xin Kang Hua Yuan

推荐星级★★★★★

新康花园位于徐汇区淮海中路1273号，建成于1934年，为高级公寓式花园住宅。这里原是英籍犹太人开设的新康洋行建造的私人花园，里面有砖木结构的公寓，为西班牙建筑风格。园内的环境优美，雪松翠绿挺拔，绿草如茵，室内的装饰也是十分精致。

小贴士 TIP

- 上海徐汇区淮海中路1273号
- 乘地铁1号线在常熟路站下；乘坐41、955、917路在淮海中路站下车即可

上方花园 设计新颖独特的西班牙建筑

Shang Fang Hua Yuan 推荐星级★★★★★

上方花园位于徐汇区淮海中路1285弄，建成于1941年，旁边就是新康花园。这里原是英籍犹太人的私家花园，园内有草坪、喷水池和小型别墅，整个花园充满了浓郁的西洋气息。1933年，花园出售给浙江兴业银行，后银行用于建造职工的住宅，外形为砖木结构，整体构架设计新颖，大部分都为西班牙建筑风格。

小贴士 TIP

- 上海徐汇区淮海中路1285弄
- 乘地铁1号线在常熟路站下；乘坐945、920路在常熟路站下车即可

盛宣怀故居 上海保存最完好的花园洋房之一

Sheng Xuan Huai Gu Ju 推荐星级★★★★★

盛宣怀故居建于1900年，是现今上海保存最好的大花园洋房之一。这里原为德国商人所建，砖木结构，整栋房子典雅大气，豪华精致，是典型的德国古典主义建筑风格，盛宣怀曾在此地居住。现为日本驻上海总领事的住宅。

小贴士 TIP

- 上海徐汇区淮海中路1517号
- 乘地铁10号线在上海图书馆站下；乘坐15、49路在衡山路站下车即可

上海图书馆 大型综合型公共图书馆

Shang Hai Tu Shu Guan 推荐星级★★★★★

上海图书馆位于徐汇区淮海中路1555号，建于1952年，是上海大型综合型公共图书馆。图书馆的建筑宏伟大气，外观简洁大方，楼层的线条错落有致。馆内藏书1300多万册，被列为世界十大图书馆行列，主要收藏家谱、中英文近代报刊、西方珍本等。除此之外，还收集了中外古今图书资料及很多珍贵文献，如《共产党宣言》、《新民主主义论》等。

小贴士 TIP

- 上海徐汇区淮海中路1555号
- 乘地铁10号线在上海图书馆站下；乘坐26、911路在高安路站下车即可
- 021-64455555

宋庆龄故居 | 宋庆龄生前居住时间最长的寓所

Song Qing Ling Gu Ju

推荐星级★★★★

宋庆龄故居位于徐汇区淮海中路，建于1920年，1948年成为宋庆龄的上海寓所，这里是宋庆龄生前居住时间最长的地方。她对这里有很深厚的感情。此建筑的外形独特，外面是乳白色的似船形的法式花园洋房，园内的树木古老而繁盛，广场上立有宋庆龄汉白玉像。室内摆设依旧，显得古朴淡雅。

小贴士 TIP

上海徐汇区淮海中路1843号

乘地铁10号线在上海图书馆站下；乘坐113、506、923路在幸福村站下车即可

021-64376268

门票 20元

康平路 | 上海富有情调的散步街道之一

Kang Ping Lu

推荐星级★★★★★

康平路东西走向，东起高安路，西至华山路，是一条全长不到1km的柏油马路。马路两旁建造了欧美风格的花园别墅和成片的西式里弄洋房典雅精致，更显这条马路的风姿，四周还布满了法国梧桐，绿树成荫，为这条街道增添不少了生气。这里安静幽雅，充满了浓郁的异国风情。

小贴士 TIP

上海徐汇区康平路

乘地铁1号线在衡山路站下；乘坐927路在康平路站下车即可

总董官邸 | 外形独特的“小白宫”

Zong Dong Guan Di

推荐星级★★★★★

总董官邸位于徐汇区汾阳路79号，始建于1905年。此建筑为法国文艺复兴时期的艺术风格，建筑外形宏伟大气，整座楼的外墙为白色，像一座宫殿，所以被称为“小白宫”。现为上海工艺美术博物馆所在地。馆内藏品300多件，其中的展品包括：剪纸、印泥、象牙雕刻、嘉定竹刻等。陈毅先生也曾在这里居住过。

小贴士 TIP

上海徐汇区汾阳路79号

乘地铁1号线和7号线在常熟路站下；乘坐41、104、955路在淮海中路站下车即可

武康路 安静而素美的道路

Wu Kang Lu

推荐星级★★★★★

武康路是上海众多街道中最为恬静而又不失素美的街道。街道非常安静，路边矗立着一栋栋别有特色的欧式风格的建筑，外形新颖也异常漂亮，在美丽的外观后承载着悠久的历史，每栋建筑也有自己独特而精彩的小故事。如果想在闹市中寻找一片清静之地，武康路是不二的选择，漫步在安静的道路上，静静地倾听着每栋建筑诉说着自己的小故事，这是多么闲适愉悦！

小贴士 TIP

上海徐汇区武康路

乘地铁7号线在常熟路站下；乘坐71、127、925路在镇宁路站下车即可

上海植物园 国内最大的市级植物园

Shang Hai Zhi Wu Yuan

推荐星级★★★★★

小贴士 TIP

上海徐汇区龙吴路1111号

乘坐56、714、720、770、820、824、958、178路到上海植物园站下车即可

021－54363369

营业时间 8:00～17:00

上海植物园位于上海市徐汇区龙吴路1111号，是国内最大的市级植物园，占地面积1000亩。园内的展览区内设置了植物进化区、盆景园、草药园、展览温室、兰室和绿化示范区等15个专类园。其中，盆景园、展览温室和兰室在国内外享有一定的知名度。园内有精品盆景2000多盆，是世界上最大的盆景园之一，有兰花300余种，樱花20多种。植物园每年春季和秋季都会举办花展。平时都有百万游客在此感受春天的百花烂漫、夏日的荷风送爽、秋天的菊花傲霜、冬日的梅花凌寒。这里还是拍照留念绝好的地方。

马歇尔公馆 法式的私家花园

Ma Xie Er Gong Guan

马歇尔公馆位于徐汇区太原路160号，建于1928年，是上海最有品味的花园洋房之一。整栋楼由一幢主楼和四幢副楼组成，原为英国狄百达夫人的独立式花园住宅。也曾作为美国总统特使马歇尔将军的寓所。整栋楼简洁典雅，不失高贵大气。

小贴士 TIP

上海徐汇区太原路160号

乘地铁1号线在常熟路站下；乘坐945、26路在乌鲁木齐中路站下车即可

爱庐 蒋介石夫妇在上海的故居

Ai Lu 推荐星级★★★★★

爱庐是蒋介石夫妇在上海的故居，建筑有暗红色的屋顶，灰色的墙面，墙上布满了爬山虎的藤蔓，貌似历经了沧桑，却不失高贵大气。园内的假山上还有蒋介石亲笔题写的“爱庐”。现为上海音乐附中。

小贴士 TIP

- 上海徐汇区东平路9号
- 乘地铁1号线在衡山路站下；乘坐15.、927、2路在复兴中路站下车即可

衡山路 具有异域风情的街道

Heng Shan Lu 推荐星级★★★★★

这里是上海最大的酒吧街，道路两旁密植众多的法国梧桐和欧式建筑，具有浓郁的异国风情。衡山路与其交叉的路上的咖啡馆和酒吧鳞次栉比，风格各异，具有浓郁的异国风情。

小贴士 TIP

- 上海徐汇区衡山路
- 乘地铁1号线在衡山路站下；乘坐824、15、830路在衡山路复兴中路站下车即可

新乐路 综合型街道

Xin Le Lu 推荐星级★★★★★

新乐路位于徐汇区，周边小区较多，有嘉丽苑、长乐路花园洋房、陕西南路公寓、丁家弄小区、徐汇区新里、海关新村等；购物有衫国演义、SOURCE、米澜坊、柏林站等；餐饮有樱花堂、玲珑餐厅、海之幸、博多新记等。

小贴士 TIP

- 上海徐汇区新乐路
- 乘地铁1号线在陕西南路站下车

太平洋百货（徐汇店） 购物与娱乐为一体的商场

Tai Ping Yang Bai Huo 推荐星级★★★★★

商场内的环境时尚幽雅，明亮宽敞。其结娱乐、休闲、购物、美食于一体，是一个大型综合性的商场。

小贴士 TIP

- 上海徐汇区衡山路932号
- 乘地铁1号线在徐家汇站下；乘坐926、920、42路在徐家汇站下车即可

港汇广场 | 大陆最大型的购物中心之一

Gang Hui Guang Chang 推荐星级★★★★★

港汇广场是中国大陆最大型的购物中心之一，也是上海标致性建筑之一。整个商场布局大气、装饰风格时尚前卫、辉煌高雅，并且在购物的同时还可以透过玻璃窗欣赏周围美丽的景色。广场内汇聚了众多流行的品牌，还有很多高档的餐厅，如代官山、上海饭店、一茶一坐等。

小贴士 TIP

- 上海徐汇区虹桥路1号
- 乘地铁1号线和9号线在徐家汇站下；乘坐920、42、926路在徐家汇站下车即可

美罗城 | 包罗万象的超大型购物广场

Mei Luo Cheng 推荐星级★★★★★

美罗城外形像一个球体，功能可谓是包罗万象，无论是购物美食，休闲娱乐都是应有尽有。还设有超级电影世界；代官山、许留山等饮食界的著名美食馆；还有百脑汇、美罗音像广场等。除此之外还有很多流行的品牌服饰。

小贴士 TIP

- 上海徐汇区肇嘉浜路1111号
- 乘地铁1号线在徐家汇站下；乘坐920、926、42路在徐家汇站下车即可

东方商厦 | 旅游涉外定点商场

Dong Fang Shang Sha 推荐星级★★★★★

东方商厦是一家旅游涉外定点商场，主要以零售为主，批发为辅，内部还有美食餐厅、娱乐设施等。商场内部主要经营钟表、珠宝、手工艺品、日用百货、化妆品等。

小贴士 TIP

- 上海徐汇区漕溪北路8号
- 乘地铁1号线和9号线在徐家汇站下；乘坐548、2、572路在徐家汇站下车即可

华山路名品街 | 时尚休闲购物街

Hua Shan Ming Pin Dian　推荐星级★★★★★

华山路名品街位于华山路，从徐家汇广场至广元路。整条街都充满了时尚气息，街上排满了时尚的小店，主售流行的服饰和小饰品，个性十足，非常前卫。

小贴士 TIP

- 上海徐汇区华山路
- 乘地铁9号线在徐家汇站下；乘坐202、936、71路在华山路站下车即可

上海话剧中心 | 上海话剧演出首选地

Shang Hai Hua Ju Zhong Xin　推荐星级★★★★★

上海话剧中心位于徐汇区安福路288号，始建于1995年，是上海话剧演出的首选之地，由原上海人民艺术剧院和上海青年话剧团这两个闻名全国的话剧表演团体合并而成，每年都上演大量经典的剧目。

小贴士 TIP

- 上海徐汇区安福路288号
- 乘地铁7号线在常熟路站下；乘坐49、936路在华山路站下车即可
- 021-64314775

上海电影院 | 上海百姓电影院

Shang Hai Dian Ying Yuan　推荐星级★★★★

上海电影院位于复兴中路1186号，始建于民国31年，初名上海大戏院，占地893.34m^2，座位836个。建成后由私商合伙经营，演出话剧。1956年改名为上海电影院，设备齐全。上海电影院的最大优点是价格实惠，是名副其实的百姓电影院。

小贴士 TIP

- 上海徐汇区复兴中路1186号
- 乘坐41、128路在淮海中路站下车即可
- 021-64736057

永华影城 | 时代华纳入股的首家内地影院

Yong Hua Ying Cheng　推荐星级★★★★★

永华影城是全球影业的巨头华纳公司在中国内地入股的首家影院，这座豪华的五星级电影城，无论从外形还是从内部的环境上都可压倒群雄。电影院内共有12个放映厅，众多的国际性大片都在这里放映。影院的特色之一就是橱窗，里面展示着明星们在这里的留影和签名。

小贴士 TIP

- 上海徐汇区虹桥路1号港汇广场六楼
- 乘坐42、920、926路到徐家汇站下车即可
- 021-64076622

上海体育场 造型新颖的标志性建筑之一

Shang Hai Ti Yu Chang 推荐星级★★★★

上海体育场的造型新颖独特，馆外的景色迷人，绿草如茵，繁花似锦，犹如绿叶烘托着一朵巨型的白玉兰花朵，使它成为了上海标志性的建筑之一，被评为“新中国50周年上海十大经典建筑金奖”之一。大型的演出经常会在此举行。

小贴士 TIP

- 上海徐汇区天钥桥路666号
- 乘地铁4号线在上海体育场站下；乘坐42、15、926路在上海体育场站下车即可

上海体育馆 上海最大型的体育馆

Shang Hai Ti Yu Guan 推荐星级★★★★

上海体育馆位于徐汇区漕溪北路1111号华亭宾馆的对面，呈圆形，高33m，屋顶网架跨度直径110m，可容纳观众18000人。体育馆分上下两层，平面呈橄榄形，馆的四周绿荫环绕。平时各类文艺演出、大型体育比赛、集会、大型展览都在此举行。

小贴士 TIP

- 上海徐汇区漕溪北路1111号
- 乘地铁3号线在漕溪北路站下；乘坐111、957、92、122路在上海体育场站下车即可

天钥桥路美食街 时尚的美食街

Tian Yao Qiao Lu Mei Shi Jie 推荐星级★★★★★

天钥桥路美食街是众所周知的一条美食街，街上有众多的饭馆，各地口味都聚集在此，有平民的大娘水饺、各种特色的快餐和全国各地的风味小吃。除了美食外，这里也有多种风格新颖的服装店，还有休闲娱乐场所，在品尝美食之余可以休闲购物。

小贴士 TIP

- 上海徐汇区天钥桥路
- 乘地铁1号线在徐家汇站下；乘坐927、15路在天钥桥路站下车即可

振鼎鸡（总店）

连锁店中的王牌店

Zhen Ding Ji　推荐星级★★★★★

振鼎鸡（总店）位于徐汇区复兴中路1186号，是所有振鼎鸡连锁店中最大的一家。这家店共有两层，宽敞且生意很好，主要经营白斩鸡、鸡丝面、各式各样的鸡粥等，味道鲜美，深受广大新老客户喜爱。

小贴士 TIP

- 上海徐汇区复兴中路1186号
- 乘地铁9号线在桂林路站下；乘坐786、96、128路在复兴中路站下车即可
- 021-62255555

德大西菜社

上海老字号西餐厅

De Da Xi Cai She　推荐星级★★★★★

德大西菜社位于卢湾区瑞金二路108号民防大厦内，是上海很有名的老字号西餐厅之一。底层是咖啡部，供应一些西式餐点，二层则供应菜肴，以德式风味为主。店内的环境安静而舒适，并且带着几分怀旧的情调，招牌菜有提拉米苏、牛排、罗宋汤、脆皮海鲜汤、煎鹅肝、德大色拉。

小贴士 TIP

- 上海卢湾区瑞金二路108号民防大厦一楼
- 乘地铁10号线在陕西南站下；乘坐96、24路在瑞金二路站下车即可
- 021-63213810

老洋房花园饭店

吃上海本帮菜的首选地

Lao Yang Fang Hua Yuan Fan Dian　推荐星级★★★★★

老洋房花园店原是杜月笙四姨太的寓所，从内部的设置来看，还可以捕捉到当年上海金枝玉叶的生活痕迹，且这里的环境古朴典雅。现主要经营上海本帮菜，清淡，味道适中。此外，江南风味是这里最别致的特色菜之一。店内其他的特色菜肴有：八宝酱年糕、太湖三白、土豆色拉等。

小贴士 TIP

- 上海卢湾区绍兴路27号
- 乘地铁10号线在陕西南站下；乘坐128、104、96、41路在瑞金医院站下车即可

仙炙轩 | 花园洋房式的美食舍

Xian Zhi Xuan

推荐星级★★★★★

仙炙轩是民国名将白崇禧的故居，这里环境优雅、浪漫，加上建筑外形是法国文艺复兴风格，配上一个偌大的花园和店内特有的美食，无疑形成了一座花园洋房食舍。店内有日本料理烤肉餐厅和铁板烧烤餐厅，可提供新鲜极品生鱼片、海鲜及顶级进口的牛肉等，可以在享受餐点的同时欣赏美丽的小白宫花园草坪。

小贴士 TIP

- 上海徐汇区汾阳路150号
- 乘地铁1号线在常熟路站下；乘坐49、927路在乌鲁木齐路站下车即可
- 021-64313935

宝莱纳 | 正宗德式风味的餐厅

Bao Lai Na

推荐星级★★★★★

这里的建筑风格为德式古典主义，极富温情。招牌有：鲜酿宝莱纳啤酒、巴伐利亚平盘、巴伐利亚烤鸡。这里夜景非常漂亮，很值得前来品尝美食及观赏。

小贴士 TIP

- 上海徐汇区汾阳路150号
- 乘地铁1号线在常熟路站下；乘坐146路在兴业路站下车即可
- 021-63203935

索列咖啡 | 品咖啡，学制作方法的不二选地

Suo Lie Ka Fei

推荐星级★★★★★

这里的咖啡口感香醇浓厚，但也很苦，特别是索列，它用的是哥伦比亚咖啡豆和巴西咖啡豆混合制成的。并且店内还经营制作了非常精美的小册子，来传授怎么煮好喝咖啡的方法。

小贴士 TIP

- 上海徐汇区衡山路4号
- 乘地铁1号线在衡山路站下；乘坐945、26路在乌鲁木齐站下车即可
- 021-64791374

藏珑坊 以西式餐点为主

Cang Long Fang

推荐星级★★★★★

藏珑坊位于徐汇区东平路9号，原为蒋介石居所。内部装修古朴典雅，环境幽静浪漫，极富情调。店内主营意大利菜，配有法国名菜，以提拉米苏最为著名，并且店内还提供下午茶、水果茶和特色茶品。

小贴士 TIP

- 上海徐汇区东平路9号
- 乘地铁1号线在衡山路站下；乘坐927、2、15路在复兴中路站下车即可
- 021-64731021

席家花园 高贵典雅的西班牙式花园洋房

Xi Jia Hua Yuan

推荐星级★★★★★

席家花园的环境高贵典雅，内部装饰古朴有序，外形为西班牙式的建筑风格，外配一个很大的草坪。这里主营上海本帮菜，有：大闸蟹、高汤咸蛋黄狮子头、手撕乳鸽、蟹粉响铃、酱油海蜇头等。

小贴士 TIP

- 上海徐汇区东平路1号
- 乘地铁1号线在常熟路站下；乘坐2、15、824路在复兴中路站下车即可
- 021-64729041

上海老站 传统本帮菜的主营地

Shang Hai Lao Zhan

推荐星级★★★★★

上海老站的建筑非常有特色：外形为乳白色的法式洋楼，内部装修精致豪华。该店主要经营传统本帮菜，招牌菜有：蟹粉豆腐、红烧野生回鱼、特色素鸡等。靠窗的位置可以欣赏到老式火车站和油绿的花园草坪。

小贴士 TIP

- 上海徐汇区漕溪北路201号
- 乘地铁1号线在徐家汇站下；乘坐50、548、42路在徐家汇站下车即可
- 021-64272233

长宁区

Changningqu

长宁区位于上海中心城区西部，环境优雅，文化底蕴深厚，拥有上海第一代国际社区古北、老上海传统的高级住宅区新华路、虹桥花园别墅区、苏州河沿线中高档住宅区等。位于长宁区的虹桥开发区则是上海最早、最成熟的现代化商务区之一，外国领事馆、500强企业等林立，为沪上外籍人士聚居之地。

虹桥开发区

中国第一批国家级开发区

Hong Qiao Kai Fa Qu

推荐星级★★★★

虹桥开发区是中国第一批国家级开发区，已发展成以外贸中心为特征的集展览、展销、办公、商务、居住、餐饮、购物等于一体的新兴商贸区，还专设了涉外领馆区。目前开发区万商云集，商贸活动频繁，呈现出一派欣欣向荣的景象。附近的旅游景点有虹桥公园、虹梅路休闲街等。

小贴士 TIP

- 上海长宁区虹桥路
- 乘地铁2号线在人民广场站下车，再换乘4号线在虹桥路站下车

红坊国际文化艺术社区

创意文化艺术区

Hong Fang Guo Ji Wen Hua Yi Shu She Qu

推荐星级★★★★★

红坊国际文化艺术社区位于淮海西路570号，前身是上钢十厂冷轧带钢厂厂群，占地面积约50000m²，这个闲置多年的大规模厂房建造于20世纪50年代，曾在大炼钢铁的年代为上海近现代工业作出过重要贡献。如今，这片工业建筑群已被改造成上海新十钢创意产业集聚区，有丰富的艺术资源，以打造公共文化艺术平台为特色，积极引入国内外有影响力的文化创意办公机构，还定期举办或赞助各类创意文化艺术活动。

小贴士 TIP

- 上海长宁区淮海西路570号
- 乘地铁10号线、3号线在淮海路站下；乘坐911、113、926路在淮海路站下车即可
- 021-51693310

宋庆龄陵园 | 安静的陵园

Song Qing Ling Ling Yuan　推荐星级★★★★

宋庆龄曾为中华人民共和国的名誉主席，是伟大的爱国主义、民主主义、国际主义、共产主义的伟大战士。整个陵园内有甬道纪念碑、纪念广场、宋庆龄雕像、墓地、陈列室等。且甬道纪念碑上有邓小平题写的“爱国主义 民主主义 国际主义 共产主义的伟大战士 宋庆龄同志永垂不朽”字样。现在这里已被列为全国重点文物保护单位。

小贴士 TIP

- 上海长宁区宋园路21号
- 乘坐72、73、113、224、911、806、808、855路在宋庆龄陵园站下车
- 021—62758080

刘海粟美术馆 | 公益性质的社会文化事业机构

Liu Hai Su Mei Shu Guan　推荐星级★★★★

刘海粟美术馆位于上海西部的虹桥开发区，江泽民主席题写了馆名，1995年正式开馆。刘海粟先生是中国新美术运动的奠基人之一。美术馆集美术馆、小型博物馆和个人纪念馆为一体，美术馆的底层宽敞明亮，有画廊、休息室和展览厅，展示了多种文物字画和各种美术作品等。整座美术馆的收藏以刘海粟先生所捐献的艺术作品为主，是其一生最有代表性的油画、国画和书法精品。但也不乏稀世珍宝，如五代时期的《溪山幽居图轴》、北宋时期的《茂林叠嶂图轴》等。美术馆内的布局合理，不失大方。

小贴士 TIP

- 上海长宁区虹桥路1660号
- 乘坐48、57、69、911、925、936路在刘海粟美术馆站下车
- 021—62701018
- 开放时间 9:00～16:00（星期一休馆）

中山公园 | 上海保存最完好的日英风格相融合的园林

Zhong Shan Gong Yuan　推荐星级★★★★

中山公园位于长宁区武夷路777号，原为旧上海英国大房产商霍格的私家花园，于1914年改建为租界公园。园林以英国的园林风格为主，还略带中国传统特色和日本园林特色。园内绿树成荫，亭台楼阁别致幽雅，还有两处很有特色的月季园，进入园林给人愉悦之感。

小贴士 TIP

- 上海长宁区武夷路777号
- 乘地铁2号线、3号线和4号线在中山公园站下；乘坐939、921路在中山公园站下车即可

中山公园

上海历史博物馆

反映上海的历史发展

Shang Hai Li Shi Bo Wu Guan

推荐星级★★★★★

上海历史博物馆位于虹桥路，于1984年5月开馆，是中国地志性博物馆，也是一座全面反映上海地区历史发展的博物馆。馆内收藏了上海地区的文物标本，对地方自然环境、资源、社会历史发展和建设成就进行研究、陈列，这里可以看到4百余件上海的历史文物，充分展现了上海地方的文物历史、民情风俗、人文环境、城市变迁等。馆内珍藏品有七宝寺藏五代金字写经、徐光启农书手稿、1893年英美公共租界界碑。本馆还先后出版了《文物荟萃》、《上海百年掠影》、《旧闻珍影》、《海上风情》等著作，同时还举办过多次“名家谈上海”系列公益性讲座。

小贴士 TIP

- 上海长宁区虹桥路1286号
- 乘地铁2号线在陆家嘴站下车即可
- 021-52392222

上海国际展览中心

上海众多品牌展览会的发源地

Shang Hai Guo Ji Zhan Lan Zhong Xin

推荐星级★★★★★

小贴士 TIP

上海市长宁区娄山关路88号

乘坐127、925、57、936路在延安西路站下
乘地铁1号线至人民广场站，换乘地铁2号线至娄山关路站后，步行约15分钟到达会场；乘轻轨3号线上海南站直达延安西路站，步行15分钟到达会场

上海国际展览中心位于上海最早的经济技术开发区——上海虹桥经济技术开发区内，是上海众多品牌展览会的发源地，为上海的展览业注入了新的活力，促进了上海展览业的发展。馆内设计了现代的国际展览空间，配备了先进的宽带网络、多功能会议室、数字化监控设备等多种展览配套服务设施，为国内外展商提供了一流的展示舞台。展览中心与周边的酒店、商务楼、休闲设施及便利的交通构成了一个成熟的会展商务区域，是高质量中型展会的理想举办地。

华东政法大学

圣约翰大学旧址

Hua Dong Zheng Fa Da Xue

推荐星级★★★★

华东政法大学位于长宁区万航渡路1575号，前身是西洋院校——圣约翰大学。园内具有别具一格的欧式建筑，兼有中西特色，在欧式砖木结构的小楼中加入了飞檐翘瓦、长廊等中式的建筑特色。园内绿树成荫，亭台楼阁，中西合璧的建筑特色相融合，显得非常独特。琼瑶剧《情深深雨蒙蒙》就在此取景。

小贴士 TIP

上海长宁区万航渡路1575号

乘地铁2号线、3号线和4号线在中山公园站下；乘坐921、939路在中山公园站下车即可

虹梅路休闲街 最具欧陆风情的街道

Hong Mei Lu Xiu Xian Jie

推荐星级★★★★★

虹梅路休闲街位于虹桥地区，到处都充满了异国情调，成为最具欧陆风情的街道，获得了“中国特色商业街”的殊荣。虹梅路休闲街呈现令人身心放松的欧陆风格，闹中取静，绿树成荫的环境让虹梅路成为上海旅游不可不去的旅游景点之一，在这里更能够体会到上海的迷人风情。

小贴士 TIP

- 上海长宁区虹梅路3338弄
- 乘坐941、925、57、519、757、936、48路在虹梅路站下车；乘地铁10号线在龙溪路站下二号出口

上海动物园 中国第二大城市动物园

Shang Hai Dong Wu Yuan

推荐星级★★★★★

上海动物园位于长宁区虹桥路2381号，靠近虹桥国际机场和虹桥开发区，是中国第二大城市动物园。园内有620多种珍稀野生动物，是一个大型的综合型动物园。园内有蝴蝶馆、海兽馆、长颈鹿馆、鼠猴生态园等。不仅如此，园内还设有多个表演场，每天都进行不同的演出，有海兽表演、大象表演、宠物表演等，这些都为动物园增添了几分热闹。

小贴士 TIP

- 上海长宁区虹桥路2381号
- 乘坐704路在镇西路站下车即可
- 021－62697437
- 门票 30元

儿童博物馆 孩子们的乐园

Er Tong Bo Wu Guan

推荐星级★★★★★

儿童博物馆位于宋庆龄陵园的东南面，是集思想、知识、科学和娱乐于一体的儿童博物馆，同时也是孩子们的乐园。馆分为航天馆、航海馆、展示厅、球幕电影厅、多功能厅五大部分。馆外的场地宽阔，形成了一个宽大的广场，广场中的“中国少年榜”纪念碑上铭刻了历次宋庆龄奖学金获得者的名字。

小贴士 TIP

- 上海长宁区宋园路61号
- 乘坐13、141、911路在长顺路站下车即可
- 021－62783130
- 开放时间 8：30～17：00
- 门票 20元

静安区

Jinganqu

静安区因境内古刹静安寺而得名，地处上海市中心，是全上海唯一一个所有区境都位于内环内的市中心黄金城区。静安区也是全市公认的“高品位的商务区”和“高品质的生活居住区”，闹中取静，环境优美，备受社会名流青睐。

怀恩堂 | 基督教联合礼拜教堂

Huai En Tang　　推荐星级★★★★★

怀恩堂位于静安区陕西北路375号，创建于光绪年间，是静安区唯一的联合礼拜教堂。经过几次重修，变成了现如今的礼拜堂。礼拜堂为一座两层的红砖楼房,楼的东南侧有钟楼，很有特色。

小贴士 TIP

- 上海静安区陕西北路375号
- 乘地铁2号线在静安寺站下；乘坐935、23路在江宁路站下车即可

蔡元培故居 | 学界泰斗的故居

Cai Yuan Pei Gu Ju　　推荐星级★★★★

蔡元培曾任命为教育部部长、北大校长，被毛泽东誉为“学界泰斗”。蔡元培故居位于静安区华山路303弄16号，是一幢3层高的花园洋房，外墙为黄色，木制的窗棂成纯净的瓦蓝色。蔡元培的故居旁有一个很大的草坪，绿草如茵，还种植了很多树木，有芭蕉、罗汉松等。故居内部有刘海粟先生的画作，蔡元培先生的半身铜像，还有很多当年用过的家具等，这些都很有纪念价值。

小贴士 TIP

- 上海静安区华山路303弄16号
- 乘坐45、40、927路在华山路站下车即可
- 营业时间 9:00～11:30　门票 5元

毛泽东故居 | 最富有家庭栖息地的故居

Mao Ze Dong Gu Ju　　推荐星级★★★★★

毛泽东故居位于黄浦区茂名北路120弄5~9号，是毛泽东和其夫人杨开慧在上海居住最久的旧居，建筑风格是老式石库门，同时也是最具有家庭气息的故居。

小贴士 TIP

- 上海静安区茂名北路120弄5～9号
- 乘坐935、23路在威海路石门一路站下车
- 开放时间 9:00～16:00　门票 免费

静安寺 | 市区里面的大型寺院

Jing An Si 推荐星级★★★★★

静安寺位于静安区南京西路1686号，始建于三国时期，是上海市区里面的大型寺院。寺院主要包括：赤乌山门、天王殿、大雄宝殿、功德堂、三圣殿、观音殿、梵王宫、方丈室。其中主殿为大雄宝殿，里面供奉着释迦牟尼和十八罗汉。寺院中还有很有名的八景，环境清幽宁静。

小贴士 TIP

- 上海静安区南京西路1686号
- 乘地铁2号线在静安寺站下；乘坐506、315、321路在静安寺站下车即可
- 门票 10元
- 021-62566366

静安公园 | 风景极佳的公园

Jing An Gong Yuan 推荐星级★★★★

静安公园南临延安中路，西靠华山路，东为住宅。公园呈凸字形，中央大道有32棵百年大树悬铃木，北部为银杏广场；东部为历史人文空间；东南部为高低起伏的观赏大草坪；西部开阔区利用地铁静安寺站高隆的顶穹与地面的落差，因势叠山理水，堆砌大型假山瀑布，山坡种植名贵花木，设观赏平台，有壮观的“城市山林”景观之称，成为现代大都市感受自然山水的空间。最有特色的是园中池中的水生植物，这些都是观赏的焦点。

小贴士 TIP

- 上海静安区南京西路1649号
- 乘坐321、315、506路在静安寺站下车即可

马勒旧居 | 充满童话般的别墅

Ma Le Jiu Ju 推荐星级★★★★★

马勒旧居位于静安区陕西南路30号，是一座充满童话般的城堡。别墅非常有特色，具有很强的北欧风格，楼顶棱角分明，非常别致，貌似安徒生童话里面的城堡，城堡的四周都雕刻着精美的图案，在阳光的照耀下更是美奂绝伦。别墅里面有美丽的花园，四周彩色花砖铺地，园内有雪松等名贵的树木，草坪如茵，环境幽雅。现为马勒别墅饭店。

小贴士 TIP

- 上海静安区陕西南路30号
- 乘地铁2号线和7号线在静安寺站下；乘坐128、104、41路在延安中路站下车即可

周璇故居 | "金嗓子"艺人大红大紫的见证

Zhou Xuan Gu Ju

推荐星级★★★★

周旋是中国歌坛上的巨星，被称为"金嗓子"。周璇故居位于静安区华山路699号～731号，这座楼是"金嗓子"周旋的故居，见证了周旋从息影到复出又大红的整个历程。在20世纪30年代，枕流公寓是上海滩超一流的公寓，有"海上名楼"之称。

小贴士 TIP

- 上海静安区华山路699号～731号

张爱玲故居 | 张爱玲创作顶峰时期的印记

Zhang Ai Ling Gu Ju

推荐星级★★★★

张爱玲故居位于静安区常德路195号，原名爱丁堡公寓，建于1936年。整栋楼高7层，建筑为法式风格，外立面为当时流行的装饰艺术风格。张爱玲在此生活了5年，并写下了《倾城之恋》、《封锁》、《沉香屑第二炉香》、《金锁记》，所以说这里是张爱玲创作顶峰时期的见证。

小贴士 TIP

- 上海静安区常德路195号
- 乘地铁2号线在静安寺站下；乘坐921、37路在静安寺站下车即可

丁香花园 | 上海最有名的洋房花园

Ding Xiang Hua Yuan

推荐星级★★★★★

丁香花园位于静安区华山路849号，是上海最有名的洋房花园，同时也是保存最完好的老花园洋房之一。它始建于1862年，是上海第一座西式花园住宅。建筑为英国式乡村别墅，配以中式园林。洋房外有巨大的草坪，香樟环绕，楼前丁香花散发着芳香。主楼的侧面如今已成有名的餐馆，并且里面的菜肴很有特色，味道极佳。

小贴士 TIP

- 上海静安区华山路849号
- 乘地铁7号线在常熟路站下；乘坐506、113路在武康路站下车即可

上海戏剧学院 | 国内重点名牌艺术学院

Shang Hai Xi Ju Xue Yuan 推荐星级★★★★

上海戏剧学院位于静安区华山路630号，是国内重点名牌艺术学院。它是中国大陆培养广播、戏剧、电影、电视、舞蹈专门人才的高等艺术院校。其前身是上海市市立实验戏剧学校，1945年由著名教育家顾毓琇与著名戏剧家李健吾、顾仲彝、黄佐临等创立，熊佛西先生为首任院长。现在学院不断发展壮大，校内的环境清幽宁静，绿树成荫，风景优美，整栋楼的建筑也很有特色。

小贴士 TIP

- 上海静安区华山路630号
- 乘坐71、57、127、202、925、37路在延安西路大门下车
- 021-62482920

四明村 | 近代名人的居所

Si Ming Cun 推荐星级★★★★★

四明村位于静安区延安中路，是近代名人的居所。四明村的建筑为石库门里弄典型的代表，混合砖木结构，整体设计分为中、高标准，客堂前有天井、卧室、厨房、亭子、晒台等，风格很独特。曾有很多文化名人在此居住过，如：陆小曼夫妇、徐志摩、文化界人士及银行职员、国际著名大家泰戈尔等。

小贴士 TIP

- 上海静安区延安中路913弄
- 乘地铁7号线在静安寺站下；乘坐48、49、127路在同仁路站下车即可

嘉道理住宅 | 前身是豪华大气的肺结核专科院

Jia Dao Li Zhu Zhai 推荐星级★★★★

嘉道理住宅位于静安区延安西路64号，建筑颇为引人注目，是嘉道理在上海创办的育才中学和肺结核专科院。整栋楼的外观为白色的大理石贴面，建筑豪华大气，装饰富丽堂皇而不失典雅，楼前草坪如茵，绿树成荫，环境幽静。现为上海少年宫。

小贴士 TIP

- 上海静安区延安西路64号
- 乘地铁7号线在静安寺站下；乘坐927、506、113路在静安寺站下车即可

愚园路涌泉坊

上海保存最完整的弄堂街区之一

Yu Yuan Lu Yong Quan Fang

推荐星级★★★★

愚园路涌泉坊位于静安区，这里有一大批有钱人留下来的别墅，现在有些已经被列为文物保护单位。涌泉坊曾引领上海新式里弄之风，有西班牙风格的建筑，还有各种私家花园。门前的草坪如茵，郁郁葱葱的树木给游客们带来了清爽。这里有陈楚湘故居40间，都采用了流行的西班牙和意大利的建筑风格。这条路上最豪华、最气派的的房子就数汪精卫的旧公寓，现在已成为长宁区少年宫所在地。这条街上有一股老上海的气息，现在这里有很多酒吧、小商店、弄堂文化展览馆等，是上海人真实生活的写照。

小贴士 TIP

- 上海静安区愚园路
- 乘坐914、911、13路在曹家渡站下车即可

中共二大会址

中国共产党走向成熟的见证

Zhong Gong Er Da Hui Zhi

推荐星级★★★★

中共二大会址位于静安区成都北路7弄30号，1922年7月16日至23日，中国共产党第二次全国代表大会在此召开。会址的建筑为典型的石库门，在会址的门额上清晰地雕刻着“腾蛟起凤”几个大字。纪念馆包括：会议原址、展览区、接待区三部分。展览厅中有历史革命文献、照片120多件，并且还提供了资料片播放等一系列文献，最有特色的是展览厅中的历史资料，它是人们关注的焦点。

小贴士 TIP

- 上海静安区成都北路7弄30号
- 乘地铁2号线在南京西路站下；乘坐136、64、801路在成都北路站下车即可
- 营业时间 9:00～11:30 13:30～16:30
- 门票 10元
- 021－63590984

久光百货 | 大型的时尚广场

Jiu Guang Bai Huo　推荐星级★★★★★

这里有好几百种知名品牌，其中很多是第一次进入中国市场的国际品牌，如Burberry亚洲最大的旗舰店、Tiffany上海首家店等。

小贴士 TIP

- 上海静安区南京西路1618号
- 乘地铁2号线在静安寺站下；乘坐921、57、76路在静安寺站下车即可
- 021-62174838

季风书院艺术书店 | 以文化艺术图书为主

Ji Feng Shu Yuan Yi Shu Shu Dian　推荐星级★★★★★

季风书院艺术书店位于静安区下沉广场，从创办至今，越来越受广大上海人的青睐，主要以文化艺术书籍为主。店内宽敞明亮，装修非常现代化，布局也非常合理，环境幽雅安静，很适合学习。

小贴士 TIP

- 上海静安区下沉广场
- 乘地铁2号线在静安寺站下；乘坐921、76、57路在静安寺站下车即可
- 021-62485363

梅龙镇广场 | 时尚的商务型购物广场

Mei Long Zhen Guang Chang　推荐星级★★★★★

整栋楼的外观大气典雅，建筑颜色以浅杏色花岗岩和棕色铝为主；内部装饰也非常精致细腻。它包括大型的购物广场和写字楼，而且都是现代化的建筑风格。

小贴士 TIP

- 上海静安区南京西路1038号
- 乘地铁2号线在南京西路站下；乘坐128、104、41路在南京西路站下车即可
- 021-62187878

中信泰富广场 | 年轻人的时尚购物胜地

Zhong Xin Tai Fu Guang Chang　推荐星级★★★★★

中信泰富广场位于静安区南京西路，这里聚集了众多的品牌，时尚而且充满活力。这里的商品主要定位在白领和时尚的年轻人，是时尚的购物胜地。

小贴士 TIP

- 上海静安区南京西路1168号
- 乘地铁2号线在南京西路站下；乘坐128、104、41路在南京西路站下车
- 021－62180180

恒隆广场 | 奢侈品云集之地

Heng Long Guang Chang　推荐星级★★★★★

恒隆广场位于静安区南京西路1266号，圆形的大厅和中庭是上海时尚服饰的发行地之一。这里云集了时尚界顶级的品牌，且种类繁多，档次上层，主要经营服饰、家具用品、健身器材和化妆饰品等。

小贴士 TIP

- 上海静安区南京西路1266号
- 乘地铁2号线在南京西路站下；乘坐104、41、128路在南京西路站下车即可
- 021－62790910

南京西路 | 中华商业第一街

Nan Jing Xi Lu　推荐星级★★★★★

南京西路位于上海静安区南京西路，跨黄浦、静安两区，精华段都集中于静安区，这里汇聚了：恒隆广场、中信泰富、梅龙镇、会德丰广场、越洋广场、嘉里二期等，被称为“中华商业第一街”。这里还有很多名店，如知名品牌和国际顶级品牌，并且还驻扎了很多旗舰店和专卖店，档次高且时尚。

小贴士 TIP

- 上海静安区南京西路
- 乘坐23、935、112、950、36、738、68路在南京西路下

同乐坊 | 上海又一个典型性的标志

Tong Le Fang

推荐星级★★★★

同乐坊位于静安区余姚路60号，60多年前就集聚了一批上海特色的里弄工厂建筑，现今成为一个兼备时尚娱乐和文化休闲为一体的消费场所，是上海又一个典型的标志。这里有别具风情的酒吧、精致典雅的餐厅、标新立异的概念零售店、艺术前卫的画廊、文艺实验的小剧场等。

小贴士 TIP

- 上海静安区余姚路60号
- 乘地铁7号线在昌平路站下；乘坐19、54、68、112、206、316、328、738、950路在江宁路海防路站下车即可

百乐门 | 上海著名的综合性娱乐场所

Bai Yue Men

推荐星级★★★★★

百乐门位于静安区愚园路218号，是上海著名的综合型娱乐场所，全称“百乐门大饭店舞厅”。百乐门是上海豪门名流出入的主要娱乐场所，内部装修奢侈豪华，颇有情调。百乐门乐队也是上海首屈一指的，百乐门还曾是很多电视剧的取景基地，如《金大班的最后一夜》，现改名为红都电影院。

小贴士 TIP

- 上海静安区愚园路218号
- 乘坐506、927路在静安寺站下车即可
- 021-62530628　营业时间 13:00～凌晨1:00

上海展览中心 | 俄罗斯古典主义风格的建筑

Shang Hai Zhan Lan Zhong Xin

推荐星级★★★★★

上海展览中心位于静安区延安中路1000号，是上海代表性建筑之一。其所在地原为英籍犹太人哈同的私人花园爱俪园，俗称哈同花园，是俄罗斯古典主义风格的建筑，同时也是上海20世纪50年代建造的首座大型建筑，外形貌似一架展翅的飞机，规模宏大，环境优雅，极富有现代化的气息。

小贴士 TIP

- 上海静安区延安中路1000号
- 乘地铁7号线在静安寺站下；乘坐911、253、869路在延安中路站下车
- 021-62790279　营业时间 9:00～17:00

上海商城剧院

上海第一幢外商投资的综合性建筑群

Shang Hai Shang Cheng Ju Yuan

推荐星级★★★★★

上海商城剧院位于静安区南京西路1357号，是上海第一幢外商投资的综合型建筑群。建筑外形非常独特，在建筑风格中独领风骚，成为上海独具特色的又一个窗口。剧院为双层楼，共能容纳991位观众，以其齐全的设施为各种文艺形式，包括话剧、歌剧、芭蕾舞剧、交响音乐会等提供演出的场所。这里已成功举办数以百计的著名国际音乐舞蹈表演，顶级时装品牌发布会、跨国公司会议以及总裁发言等重大活动，在国内外都享有盛名。

小贴士 TIP

- 上海静安区南京西路1357号
- 乘地铁2号线在静安寺站下车即可
- 021－62798663
- 营业时间 10:00～23:00

环艺电影城

集现代化、艺术性、娱乐性于一体的潮流影院

Huan Yi Dian Ying Cheng

推荐星级★★★★★

环艺电影城位于上海v10楼，是集现代化、艺术性、娱乐性于一体的潮流影院。它是亚洲影院娱乐业香港立基集团下的子公司。其拥有6个超宽大银幕的放映厅，共计1542个座位。它向数百万观众输送梦想和欢乐，带给人们原汁原味的观影感受。

小贴士 TIP

- 上海静安区南京西路1038号（梅龙镇广场10楼）
- 乘地铁2号线在南京西路站下；乘坐15、20、23、24、37、41、112路在大华新村路站下车即可
- 021－62187109
- 营业时间 10:00～22:00

美琪大戏院

大型歌剧、芭蕾舞剧、音乐舞蹈的演出地

Mei Qi Da Xi Yuan

推荐星级★★★★★

美琪大戏院位于静安区江宁路，建于1941年，是上海一家历史悠久的剧院。整栋楼为现代化的优秀建筑典范，典雅大气，风格独特，“美琪”为“美轮美奂，琪玉无瑕”之意。它是综合型的剧院，主要演出大型歌剧、芭蕾舞剧、音乐剧和话剧演，被海内外人士称作“亚洲第一”。

小贴士 TIP

- 上海静安区江宁路66号
- 021－62174409
- 乘地铁2号线在南京西路站下；乘坐104、41、128路在延安中路站下车即可

上海文艺活动中心 | 环境舒适高雅的会所

Shang Hai Wen Yi Huo Dong Zhong Xin 推荐星级★★★★

上海文艺活动中心位于安区延安西路200号，宾馆主楼高12层，拥有各种标准间，风格各异，内部环境宽敞舒适、装修高雅、设施齐全。外部环境典雅、交通便利，是文艺界人士及社会各界宾客游乐憩息、洽谈商务的理想活动场所。附近还有很多旅游景点，如静安寺。

小贴士 TIP

上海静安区延安西路200号

铜仁路 | 时尚酒吧街

Tong Ren Lu 推荐星级★★★★★

铜仁路位于静安区，南起延安中路，北至北京西路，是上海有名的酒吧街和休闲街，这里汇聚了各国有特色的酒吧，如美国的爵士酒吧、泰式酒吧和蒙古式酒吧等。这里的酒吧既时尚又高雅，其中绿屋被称为“远东第一豪宅”。

小贴士 TIP

上海静安区同仁路

乘地铁2号线在静安寺站下；乘坐936、37、925路在陕西北路站下车即可

梅园村酒家 | 上海本帮菜馆

Mei Yuan Cun Jiu Jia 推荐星级★★★★★

这里是品尝上海本帮菜的最佳选地之一，也是上海老字号。店内的菜很有特色，主要是量大份足，口味地道并且很正宗，比较迎合老年人的口味。招牌菜有：清炒虾仁、松子桂鱼、香酥小牛排、蟹粉狮子头、梅园皇鸡、鸡蛋色拉、水果色拉。

小贴士 TIP

静安区延安中路841号

乘坐102、105 107、106、100、108路在延安中路下

021-62477979

吴江路美食街 | 平民美食街

Wu Jiang Lu Mei Shi Jie

推荐星级★★★★★

吴江路美食街位于静安区吴江路，比起其他几个美食街，这条美食街有“小家碧玉”之感，这里聚集了众多极有特色的小吃，而且还有西餐，但价格很低，适合百姓在此品尝，真可谓平民美食街。这里的“满吉烧烤”烤肉串价格实惠味道极佳；“牛大碗”出售各式各样的拉面；“甜蜜蜜”售卖各式甜点；“精武鸭颈”售卖辣味鸭颈；还有各种口味的河粉。小杨生煎是这条街上最著名的美食店。这里还有很多有上海特色、价格低廉、味道极好的美食和小吃。

小贴士 TIP

- 上海静安区吴江路
- 乘地铁2号线在南京西路站下；乘坐801、927、104路在石门二路站下车即可

波特曼丽嘉大酒店 | 综合性大型酒店

Bo Te Man Li Jia Da Jiu Dian

推荐星级★★★★

波特曼丽嘉大酒店位于静安区南京西路1376号，是一家集零售、餐饮和娱乐于一体的综合性酒店。内部有茶园咖啡厅、夏苑中餐厅、花筐日餐厅、帕兰朵意大利餐厅、丽嘉酒吧和大堂酒廊。曾在此举行过多次重大活动并接待了各界政要人物。

小贴士 TIP

- 上海静安区南京西路1376号
- 乘坐110、111路在南京西路下车

静安面包房 | 法式点心很有名

Jing An Mian Bao Fang

推荐星级★★★★★

这是自文化大革命以后第一家法式面包房，也是上海老字号。每天14:00就开始有人排队买“打折面包”。这里的面包口感很好，特别推荐核桃全麦长棍。

小贴士 TIP

- 上海静安区华山路370号静安宾馆
- 乘地铁7号线在常熟路站下；乘坐93、15路在华山站下车即可
- 021-62487537

保罗酒家

味道鲜美，可“空口”吃的盐水鸭

Bao Luo Jiu Jia

推荐星级★★★★★

保罗酒家是经营上海本帮菜的典型店铺，口碑极好，每天都是门庭若市。店内的特色菜有：瑞士牛排，鲜香肉嫩再蘸上话梅酱，口感极佳；青豆泥软滑，有青豆的味道，但没有豆腥，口感也极佳；茄子包饼的味道也不错。这里经营中餐和西餐，分量十足。

小贴士 TIP

- 上海静安区富民路271号
- 乘地铁2号线在静安寺站下；乘坐45、26路在常熟路站下车即可

国际贵都大酒店

融娱乐、美食于一体的大型酒店

Guo Ji Gui Du Da Jiu Dian

推荐星级★★★★

国际贵都大酒店位于静安区延安西路65号，是集娱乐、美食于一体的大型酒店。建筑外型新颖别致，内部设施齐全。

小贴士 TIP

- 上海静安区延安西路65号
- 乘地铁5号线在静安寺站下车即可

锦沧文华大酒店

商务和娱乐的首选

Jin Cang Wen Hua Da Jiu Dian

推荐星级★★★★

锦沧文华大酒店位于静安区南京西路1225号，整栋楼外观壮观大气，内部装修富丽堂皇，有豪华的多功能厅、宴会厅和完善的会议厅及展览设施，娱乐健身设施也相当齐全，是商务娱乐的首选地。酒店内环境清幽宁静，加上古朴典雅的中西式餐厅，显得更加完美无瑕。

小贴士 TIP

- 上海静安区南京西路1225号
- 乘地铁2号线在南京西路站下从1号口出
- 021—62791888

上海宾馆 | 国际最佳旅馆之一

Shang Hai Bing Guan

推荐星级★★★★★

上海宾馆位于静安区乌鲁木齐北路505号，是一个为接待外国旅游者、港澳同胞和华侨而兴建的四星级国际旅游宾馆。内部色调高雅、安静舒适，是一座具有现代化设施集吃、住、行、玩、购于一体的宾馆，并且荣获“89国际旅游奖”，被推荐为“国际最佳旅馆之一”。

小贴士 TIP

- 上海静安区乌鲁木齐北路505号
- 乘坐106、102、100、103、107路在上海宾馆站下
- 021－62480088

静安宾馆 | 花园宾馆

Jing An Bing Guan

推荐星级★★★★★

静安宾馆位于静安区华山路370号，宾馆有白色的外墙，红色的砖瓦，还配有花园和楼台，故有“花园宾馆”的美称。整个宾馆为西班牙式建筑风格，环境幽雅，花园内绿树成荫。宾馆内部客房宽敞明亮、干净，这里还提供美味的静安名菜。

小贴士 TIP

- 上海静安区华山路370号
- 乘地铁2号线在静安寺站下

百乐门大酒店 | 多功能性的高档大酒店

Bai Yue Men Da Jiu Dian

推荐星级★★★★★

百乐门大酒店位于静安区南京西路，整座酒店共有21层，内部设有风格各异、口味独特的中式餐厅和小吃店，并且配套设施齐全，拥有各种规格的会议室和多功能厅、咖啡厅等休闲娱乐设施。内部的大厅典雅大气，小包房温馨舒适，还为旅客提供了特色的小吃和充足的餐食。整个酒店充满典雅大气。

小贴士 TIP

- 上海静安区南京西路1728号
- 021－62488686
- 乘坐机场大巴2号线在静安寺站下车；乘地铁2号线在静安寺站下车

鹭鹭酒家 | 地道的本帮菜馆

Lu Lu Jiu Jia　推荐星级★★★★★

这里是上海本帮菜的汇聚地，各式各样的上海本帮菜都可以找到。这里以海鲜著称，清炒虾仁、清蒸大闸蟹等都是这的招牌菜，并且菜肴口感细腻，鲜香而不失真。另外宁波菜做得也相当不错，咸蟹清淡，咸鱼爽口有嚼劲。店的装饰是欧式风格，显得典雅大气。

小贴士 TIP

- 上海静安区常熟路195号
- 乘地铁2号线在静安寺站下；乘坐21、20、15路在静安寺站下车即可

梅龙镇酒家 | 调料极其实在的餐厅

Mei Long Zhen Jiu Jia　推荐星级★★★★★

这里的调料非常实在，从一道“炒虾蟹”就可以看出梅龙镇酒家的真意。并且这里的每道菜都选用真材实料，没有多余的盘饰，呈现出一种古老而朴实的风格。“炒虾蟹”是以新鲜的蟹黄煸出的蟹油再让虾肉入菜，出锅后味道鲜美而不失真。梅龙镇酒家的外观貌似宫廷式，装潢古色古香，是一家很有风格的老餐厅。

小贴士 TIP

- 上海静安区南京西路1081弄22号
- 乘地铁2号线在南京西路站下；乘坐23、935路在江宁路南京西路站下车即可

凯司令 | 栗子蛋糕最有名

Kai Si Ling　推荐星级★★★★★

凯司令位于静安区南京西路，是上海老字号西点店，创建于1928年。这里的栗子蛋糕最有名气，新打的栗子夹在奶油蛋糕里，口感细腻，味道爽口。这里的下午茶也很受人们的亲睐。

小贴士 TIP

- 上海静安区南京西路1001号
- 乘地铁2号线在南京西路站下；乘坐23、935路在江宁路南京西路站下车

王家沙 | 老字号点心店

Wang Jia Sha　推荐星级★★★★★

王家沙上海老字号点心店，创建于20世纪40年代，在上海有很高的知名度。这里有众多特色的小吃点心，如：蟹壳黄、辣肉面、老虎脚爪、蟹粉小笼、萝卜丝饼、糍饭糕等。其中蟹粉小笼的口碑很好，值得品尝。这里的生煎、虾仁馄饨、豆沙酥、两面黄被称为“四大名旦”。

小贴士 TIP

上海静安区南京西路805号

乘地铁2号线在南京西路站下；乘坐37、935、41路在南京西路站下车即可

021-62530404

小杨生煎 | 生煎排名第一

Xiao Yang Sheng Jian　推荐星级★★★★★

小杨生煎是吴江路美食街上最著名的美食店，也是上海最具特色的美味小吃，名气大得惊人，生煎的味道上层。小杨生煎的门面装修虽然不那么富丽堂皇，但里面出炉的生煎很诱人，刚出炉时内软外酥，皮薄料香。

小贴士 TIP

上海静安区吴江路54号

乘地铁2号线在南京西路站下；乘坐927、104路在石门二路站下车即可

021-62676025

红宝石 | 鲜奶小方上海第一

Hong Bao Shi　推荐星级★★★★★

红宝石是上海老牌西点房，这里的西点算是上海最有名的，被誉为上海最好吃的鲜奶蛋糕。吃在嘴里一点都不腻，入口即化，犹如冰淇淋，蛋糕中还夹杂着小块的菠萝粒，二者混合在一起，口感甚好。这里的西点在上海有很大的名气，并且很实惠。

小贴士 TIP

上海静安区石门一路366号

乘地铁2号线在静安寺站下；乘坐20、37、921路在上海电视台站下车即可

021-62538397

普陀区

Putuoqu

普陀区位于上海中心城区的西北部，是上海市区的西大堂，现有文物点40余处，涵盖工业遗产、宗教建筑、民居宅邸、革命史迹等，正在考古挖掘中的元代水闸遗址被评为2006年中国十大考古发现之一。

莫干山路50号

上海又一个艺术家的聚集地

Mo Gan Shan Lu 50 Hao

推荐星级★★★★

莫干山路50号是上海又一个艺术家的聚集地。这里安静，气场独特，很有艺术氛围。不仅如此，还有风格各异的画廊和工作室。画廊包括：展厅、会客厅、专业摄影棚、设计工作室等；画廊常年经营、代理多位国内外画家作品，其中不乏名家名作，如：罗青的国画山水系列、法国油画家罗迪的新天地系列。此外，画廊经常举办讲座，组织各类书画展、书画交流、音乐会等各种艺术活动。

小贴士 TIP

- 上海普陀区莫干山路50号
- 乘坐106、13、63、768、801、837、948、966路到天目西路恒丰路站下车
- 021-62993913

真如寺

上海仅存的元代寺院

Zhen Ru Si

推荐星级★★★★★

真如寺位于普陀区真如镇后山门5号，始建于宋代，元代重建，改名为“真如寺”。真如寺是上海的四大佛寺之一，是上海仅存的元代寺院，也是上海仅存的最古老的木结构的建筑。寺内的香火很旺，每逢初一、十五，众多游客都会前往烧香拜佛，为人祈愿。

小贴士 TIP

- 上海普陀区真如镇后山门5号
- 乘坐838、706、950路在北石路站下车即可
- 021-62971581
- 营业时间 8:00～16:00
- 门票 5元

长风公园

上海唯一的山水公园

Chang Feng Gong Yuan

推荐星级★★★★★

长风公园位于普陀区中山北路3663号，1959年国庆建成并对外开放。长风公园面积36.4万平方米，是上海大型综合型公园，也是上海唯一的山水公园。公园内的景色主要以山、湖为主，山水结合，在阳光的照耀下甚是迷人。园内有睡莲池、玉兰苑、黑松山、海底世界、岁寒三友、迎春池等，还有画廊和曲廊。

小贴士 TIP

- 上海普陀区大渡河路189号
- 乘坐765、216路在长风公园站下车即可

梦清园 观苏州河最近的园林

Meng Qing Yuan 推荐星级★★★★

梦清园位于昌化路桥和江宁路桥之间，依偎着苏州河。梦清园分为大鱼岛、人工湿地和梦清馆。其中大鱼岛是苏州河第一大岛，岛上有个观景阁，形状为白玉兰花，故也称玉兰阁。站在玉兰阁上，苏州河的美景可尽收眼底。园内的环境非常优美，有很多花草，如熏衣草、龙舌兰、蝴蝶兰、夹竹桃、莲花、翠竹、葡萄等；园中还有很多雕塑作品，如入口处的“鱼儿穿梭海浪间”，寓意梦想。

小贴士 TIP

上海普陀区宜昌路66号　乘地铁3号线和4号线在中潭路站下车　门票 免费

苏州河 夜景非常漂亮

Su Zhou He 推荐星级★★★★★

苏州河发源于太湖瓜泾口，在上海市区外白渡桥附近汇入黄浦江，全长125km，上海境内54km，是上海通往江苏南部主要水上交通线和上海市区的重要航道。苏州河周围的景色非常迷人，站在桥上可以观看到江水和远眺美丽的景色。夜晚河上的景色更加迷人。

小贴士 TIP

上海普陀区苏州河　乘坐934、940路在白渡桥站下

华东师范大学 上海的花园学府之一

Hua Dong Shi Fan Da Xue 推荐星级★★★★★

华东师范大学位于普陀区中山北路3663号，始创于1951年，占地总面积1200亩。学院内环境优美，绿树成荫，有“花园学府”的美称。它是以大夏大学为基础，在其旧址上创办的新中国第一所社会主义示范大学，并且这里是学习之余欣赏美景的绝好的地方。

小贴士 TIP

上海普陀区中山北路3663号

乘坐地铁4号线在金沙江路站下；乘坐754、224、69路在华东师范大学站下车

新华书店 | 全国连锁书店之一

Xin Hua Shu Dian　　推荐星级★★★★

新华书店位于普陀区枣阳路107号，是全国连锁书店之一。新华书店规模非常宏大，在全国各地都有分店，书店里面的书籍种类也非常齐全，如生活类图书、科学类书籍、文艺类、漫画类等。

小贴士 TIP

- 上海普陀区枣阳路107号
- 乘坐944路到梅川路站下车
- 021－62168082

世纪联华 | 大型综合超市

Shi Ji Lian Hua　　推荐星级★★★★

世纪联华位于普陀区长寿路175号，是一家大型综合型超市。世纪联华是首家于联交所上市的中国零售连锁超市。超市主要零售生活用品、副食品等。

小贴士 TIP

- 上海普陀区长寿路175号
- 乘坐106、13路在长寿路常德路站下

佐丹奴 | 休闲服饰的龙头品牌

Zuo Dan Nu　　推荐星级★★★★★

佐丹奴位于普陀区武宁路136号，由香港商人黎智英创办。佐丹奴以经营休闲服装为主，无论是休闲一派、上班一族或稚龄的儿童，都能在佐丹奴找到适合穿着的服饰。

小贴士 TIP

- 上海普陀区武宁路136号
- 乘坐108、100、104路在武宁路站下车
- 021－52903566

沪西工人文化宫 | 苏式建筑风格的文化宫

Hu Xi Gong Ren Wen Hua Gong

推荐星级★★★★

沪西工人文化宫位于普陀区武宁路225号，建于20世纪50年代。外观为白色苏式建筑风格，气势宏伟。内部的店铺林立，有餐厅、花鸟市场、游戏机房、便利店、培训结构等，还有饰品、文具等小商品，很受人们的欢迎，特别受广大学生的青睐。

小贴士 TIP

上海普陀区武宁路225号

乘坐36路在武宁新村站下；乘地铁3号线在曹杨站下

必胜客 | 著名的休闲餐厅

Bi Sheng Ke

推荐星级★★★★★

必胜客位于普陀区兰溪路125号，这里是集休闲、品位、情趣为一体的餐厅。内部装修温馨舒适，在享受咖啡茶点的同时，也可享受必胜客带来的环境和品位。这里还有很多美食，如：芝心匹萨和酥皮汤、起司入口甘甜美味，奶油味十足；土鸡煲，鸡汤的味道浓郁。

小贴士 TIP

上海普陀区兰溪路125号曹杨电影院1楼

乘坐44、63、94、143、837、858、876、948路在兰溪路站下车

021-52662292　　人均消费 65元

永和大王 上海老牌号

Yong He Da Wang 推荐星级★★★★★

永和大王位于普陀区新村路1500号，是上海老牌店。店面不大，但是里面的食品非常美味，价格又很实惠。这里的豆浆、油条、小馄饨、粢饭团号称“四大金刚”，尤其是豆浆搭配油条，算是“一如既往的美味”。豆浆味道香醇浓厚，很值得品尝。

小贴士 TIP

上海普陀区新村路1500号

乘坐107、338、517、547、762、766、869、937路在新村路站下车

021-56359127 营业时间 8:00～22:00 人均消费 15元

小肥羊火锅店 好吃实惠的小肥羊

Xiao Fei Yang Huo Guo Dian 推荐星级★★★★★

小肥羊火锅店位于普陀区兰溪路141号，味道正宗，羊肉滑而不腻，很爽口，口感极佳，并且价格很实惠，堪称好吃不贵的火锅店，是吃火锅的好去处。

小贴士 TIP

上海普陀区兰溪路141号2楼

乘坐837、94、948、143、858、743、105、950路在兰溪路下车

021-62221717

营业时间 10:00～2:00 人均消费 53元

味千拉面 日本连锁快餐店

Wei Qian La Mian 推荐星级★★★★★

味千拉面位于普陀区真光路1288号，是日本连锁快餐店。店内经营各种好吃的美食，尤其是味千拉面，它的独到之处在于其白汤采用的是猪的大骨， 并经文火熬制而成，其汤含丰富的软骨素。招牌菜有猪软骨拉面。另外咖喱猪扒饭也非常美味，咖喱的味道十分浓郁，口感偏咸，炸猪排分量十足，松香酥脆。

小贴士 TIP

上海普陀区真光路1288号百联购物广场1楼D-02单元

乘坐807路在真光路曹安路站下车即可

闸北区

Zhabeiqu

闸北区是上海连接长三角、连接全国各地的一个陆上交通枢纽，是上海火车站、铁路北郊货运站和长途客运总站所在地，拥有大宁灵石公园、广中公园、闸北公园等96万平方米的城市公共绿地。

宋教仁墓 | 近代民主革命家

Song Jiao Ren Mu

推荐星级★★★★★

宋教仁墓位于闸北区共和新路闸北公园内。他是近代民主革命家。其墓非常有特色，墓道入口有两根饰有白色蘑菇云状的天蓝色灯柱，中间是白色花岗石路面。墓前石碑镌刻“宋教仁先生之墓”，墓顶安放一只脚踩恶蛇的雄鹰雕塑，墓园正中立宋教仁全身坐像。墓的周围环境幽静，四周有龙柏、玉兰环绕，庄严肃穆。

小贴士 TIP

- 上海闸北区共和新路

四行仓库 | 历史悠久的创业产业园

Si Hang Cang Ku

推荐星级★★★★★

四行仓库位于闸北区光复路195号，建成于1935年，原是金城、大陆、中南、盐业银行的仓库。整栋楼高6层，1937年，“八一三”战争使这里变为“八百壮士英勇抗日”的纪念地。现在四行仓库已经成为创意产业园区。

小贴士 TIP

- 上海闸北区光复路195号
- 乘地铁8号线在曲阜站下；乘坐58区间、58路在曲阜路站下车

大宁灵石公园 | 浦西最大的自然山水公园

Da Ning Ling Shi Gong Yuan

推荐星级★★★★★

大宁灵石公园位于闸北区广中西路288号，是浦西最大的自然山水公园。园内以营造山水气氛为主，搭建了人工湿地沼泽园，被称为浦西“绿肺”。这里也是上海市民休闲娱乐的好去处。

小贴士 TIP

- 上海闸北区广中西路288号
- 乘坐46、203、916路在广中路站下车即可
- 门票 2元

大宁灵石公园

上海铁路博物馆

上海铁路百年历史的见证

Shang Hai Tie Lu Bo Wu Guan

推荐星级★★★★★

上海铁路博物馆位于闸北区天目东路200号，建成于1909年。整个博物馆为英式古典建筑风格，外墙为砖红色贴面，宏伟大气。其占地约1300m^{2}的室外广场展区和拥有3000余平方米建筑面积的4层博物馆主楼；馆内有50多个展项，近千件展品。内有珍贵的铁路老设备、老器材和历史图片，还有融知识性、趣味性为一体的可让观众参与的科普项目。博物馆还展览图片、文献史料、实物等。

小贴士 TIP

- 上海闸北区天目东路200号
- 乘地铁3号线和4号线在宝山路站下

七浦路 上海最大的服饰批发市场

Qi Pu Lu

推荐星级★★★★★

七浦路位于闸北区东南部，这里有全上海最大的服饰批发市场，主要以经营低价位的服饰为主，在全国都很有影响力，很多各地的批发商都来此进货。街边都是零售衣服的小店，并且价格非常便宜，衣服也很潮流时尚。

小贴士 TIP

- 上海闸北区七浦路
- 乘地铁8号线在曲阜路站下；乘坐223、573、510路在山西北路站下车

不夜城 上海不夜之城

Bu Ye Cheng

推荐星级★★★★★

不夜城位于闸北区天目西路188号，北至中兴路，东傍大统路，西临苏州河。这里现已建成繁华的商业区，几乎都新建大楼、商厦、宾馆、酒店，并且风格独特，造型新颖，千姿百态，周围还有很多有特色的餐厅、酒吧街等，夜幕降临，不夜城会出现一派灯火通明的壮丽景象。

小贴士 TIP

- 上海闸北区天目西路188号
- 乘坐13、319路夜班、332路夜班、41、510、58、63、948路在天目中路站下车

上海马戏城 中国马戏第一城

Shang Hai Ma Xi Cheng

推荐星级★★★★★

上海马戏城位于闸北区广中西路288号，毗邻闸北体育场和广中公园，是上海标志性建筑之一。马戏城的主体建筑是一个高32m铝钛合金的金色球体，里面的灯光等都非常先进。这里常年都有精彩的节目上演，在国内堪称“中国马戏第一城”。除此之外，还有歌舞剧、杂技、魔术、驯兽等大型节目，并且演员的阵容非常强大。大型演出《东方夜谭》也在此上演。

小贴士 TIP

- 上海闸北区广中西路288号
- 乘坐46、203、916路在广中路站下车
- 021-66525468

虹口区

Hongkouqu

虹口区，因虹口港而得名，位于上海中心城区东北部，拥有众多之最，包括中国第一条营运铁路、中国第一个消防瞭望塔、中国第一个国人开办的新式学堂、中国第一家正式电影院等。

瞿秋白寓所旧址 | 瞿秋白在上海的最后一处寓所

Qu Qiu Bai Yu Suo Jiu Zhi

推荐星级★★★★

瞿秋白寓所旧址位于虹口区山阴路133弄12号，始建于1920年。这是瞿秋白在上海的最后一处寓所。它是砖木结构三层新式里弄住宅，底层入口券门，二层券窗，三层挑出通长阳台，墙面水刷石钩缝，宅前有小庭院。现已被列为上海市文物保护单位。

小贴士 TIP

- 上海虹口区山阴路133弄12号
- 乘坐167、21、47、597、962路在甜爱路山阴路下
- 021-68542000

景云里 | 众多近代文人的旧居

Jing Yun Li

推荐星级★★★★★

景云里建于1925年，是众多近代文人名人的旧居，同时也是鲁迅和许广平相恋的地方。鲁迅、矛盾、叶圣陶等一大批文人都曾在此居住过。

小贴士 TIP

- 上海虹口区横滨路35弄1～30号
- 乘地铁3号线在东宝兴路站下；乘坐502、47、101路在同心路站下车

多伦路文化街 | 历史文化名街

Duo Lun Lu Wen Hua Jie

推荐星级★★★★★

多伦路文化街位于虹口区多伦路，全长550m，路面比较狭窄，呈“L”形。这条街上留有鲁迅、叶圣陶、郭沫若等名人的足迹，故称文化街。街上还有名人字画、古玩古玩、收藏馆、艺术馆、展览馆、书屋、古玩字画店等，在上海享有很高的知名度。

小贴士 TIP

- 上海虹口区多伦路
- 乘地铁3号线在东宝兴路站下；乘坐47、51、101路在同心路站下车

鲁迅公园 | 鲁迅墓的所在地

Lu Xun Gong Yuan

推荐星级★★★★

鲁迅公园位于虹口区四川北路2288号，初期称“虹口娱乐场”，1956年改建并将鲁迅墓迁入公园。公园内有亭台楼阁，小桥流水，环境十分幽雅，除此之外，还有樱花园、松竹梅、百鸟青山集梅亭、梅园等。园内还设有纪念瞻仰区、文艺娱乐区、风景游览区三大区域。另外还建有鲁迅墓园、鲁迅纪念馆等具有纪念意义的景点。

小贴士 TIP

- 上海虹口区四川北路2288号
- 乘地铁8号线在虹口足球场站下；乘坐18、21、47、52、597、854、863、939、991、机场四线在鲁迅公园站下车
- 021-56667122

鲁迅纪念馆 | 展示鲁迅的生活

Lu Xun Ji Nian Guan

推荐星级★★★★★

鲁迅纪念馆位于虹口区四川北路2288号，整栋纪念馆为青瓦白墙，具有江南民居风格，显得古朴典雅。馆共2层，内部有鲁迅的诗集、诗稿、译稿、生活用品等一万多件，展品还有文献、鲁迅的手稿、遗物、书刊等，见证了鲁迅的生活。

小贴士 TIP

- 上海虹口区四川北路2288号
- 乘坐848、21、939、854路到甜爱路站下车

鲁迅故居 | 陪伴鲁迅人生后十年的居所

Lu Xun Gu Ju　推荐星级★★★★★

鲁迅故居位于虹口区山阴路132弄大陆新村9号，是鲁迅先生人生最后十年生活的地方。这里环境幽雅，安静舒适，橘色的外墙，狭窄的门面，屋内的陈设都保持原样。这里还是《故事新编》和9本杂文集的见证者。

小贴士 TIP

- 上海虹口区山阴路132弄大陆新村9号
- 乘地铁8号线在虹口足球场站下；乘坐47、848、962路在山阴路站下车
- 营业时间 9:00～17:00　门票 8元

上海邮政博物馆 | 英国古典主义的钟楼

Shang Hai You Zheng Bo Wu Guan　推荐星级★★★★★

上海邮政博物馆位于虹口区北苏州路276号，建成于1924年。主楼有4层，转角处有8层，立面带有英国古典主义的味道，整栋楼的建筑为欧式折中主义风格，显得庄严厚重，古朴大方。其中钟楼为17世纪的意大利巴洛克风格。一楼作为邮政博物馆。

小贴士 TIP

- 上海虹口区北苏州路276号
- 乘地铁10号线在天潼路站下；乘坐19、305、928路在四川北路天潼路站下车

"中国左翼作家联盟"会址 | 藏有大量历史文献

"Zhong Guo Zuo Yi Zuo Jia Lian Meng" Hui Zhi　推荐星级★★★★★

"中国左翼作家联盟"会址位于虹口区多伦路201弄2号，1930年中国左翼作家联盟在此成立。纪念馆的面积共550m²，里面展示了"左联"的照片、历史文献等，是藏有"左联"历史文献最多的一个地方。

小贴士 TIP

- 上海虹口区多伦路201弄2号
- 乘地铁3号线在东宝兴路站下；乘坐47、51、502路在同心路站下车即可

下海庙 | 当地人奉祀海神的庙宇

Xia Hai Miao　推荐星级★★★★★

下海庙位于虹口区昆明路73号，始创于清乾隆年间。这里环境清净幽雅。庙共分三个殿：前殿、后殿和东殿。前殿的大雄宝殿正中供一佛二弟子；正中供释迦牟尼佛，东观音，西地藏菩萨。后殿供奉西方三圣，千手观音等像。东殿奉有天妃娘娘等像，此外还有斋堂等附属用房。有比丘尼16人，住持为昌修法师。它是当地渔民、居民为祈佑平安及奉祀海神的民间庙宇。

小贴士 TIP

- 上海虹口区昆明路73号
- 乘坐13、19、22、25、33、155、875、934路到下海庙站下
- 营业时间 7：00～16：00　门票 5元

梅园(尹奉吉义士生平陈列馆) | 纪念韩国英雄

Mei Yuan(Yin Feng Ji Yi Shi Sheng Ping Chen Lie Guan)　推荐星级★★★★

梅园位于虹口区甜爱路280号，建成于1992年。尹奉吉是韩国的爱国志士，1932年,在此用特制炸弹炸死炸伤侵华日军军官七人，作为人民英雄，他受到了韩国人民的广泛尊敬。为纪念他所以在鲁迅公园内建了一座韩国风格的小楼——梅亭。陈列馆内放置尹奉吉义士半身铜像及放映等设备。

小贴士 TIP

- 上海虹口区甜爱路280号
- 乘坐139、167、18、21、597路在鲁迅公园站下车

李白烈士故居 | 伟大的中共工作者的旧居

Li Bai Lie Shi Gu Ju　推荐星级★★★★

李白烈士故居位于虹口区黄渡路107弄15号，是伟大的中国共产党李白烈士的旧居。这是一幢三层砖木结构的老式洋房，建筑为黄褐色的卵石外墙，奶黄色的大门，左右两旁镶嵌着李白烈士故居紫铜色挂雕和烈士浮雕。内部陈列着李白烈士全身塑像、10幅珍贵的历史照片和其少年做工踩过的砑光石，送给妹妹的油灯等实物及其用过的通讯工具等，现在都保持着原貌。

小贴士 TIP

- 上海虹口区黄渡路107弄15号
- 乘坐939路在鲁迅公园站下车　021-56960680

甜爱路 上海最浪漫的马路

Tian Ai Lu

推荐星级★★★★★

甜爱路位于虹口区近四川北路处，是一条悠长的小路，被称为“上海最浪漫的马路”。这里清幽静谧，马路干净，路边植满了梧桐树，绿树成荫，营造出一种浪漫的气息，是情侣们漫步的好地方。

小贴士 TIP

- 上海虹口区近四川北路处
- 乘地铁8号线在虹口足球场站下；乘坐962、47路在山阴路站下车

孔公馆 阿拉伯风格的官邸

Kong Gong Guan

推荐星级★★★★★

孔公馆位于虹口区多伦路250号，建于1924年，是孔祥熙的住宅。整栋房子呈现圆顶尖塔，石造花窗格，为阿拉伯建筑风格。外形像马蹄形状，建筑古朴大气，用的是白底暗色的拼花面。

小贴士 TIP

- 上海虹口区多伦路250号
- 乘地铁3号线在东宝兴路站下；乘坐47、502、51路在同心路站下车

溧阳路 富含历史文化的小街

Li Yang Lu

推荐星级★★★★

溧阳路位于虹口区近四川北路处，这里是一条既安静又干净的街道，街道的两旁有古老的法式梧桐树和日式洋房。鲁迅、巴金、矛盾、柔石等都曾在此出现过，围墙上挂有四十多个文化名人的头像和故居的图案。

小贴士 TIP

- 上海虹口区四川北路
- 乘地铁10号线在四川北路站下；乘坐47、848路在山阴路站下车

鸿德堂 中国宫殿式基督教堂

Hong De Tang

推荐星级★★★★

鸿德堂位于虹口区多伦路59号，建于1928年。此为基督教堂，外墙是青砖，仿木结构的红色柱子，还有绘彩，入口处有一个方形的钟楼，楼顶为阁楼式，整栋楼为中国宫殿式建筑风格，每周日上午还在此举行礼拜。

小贴士 TIP

- 上海虹口区多伦路59号
- 乘地铁3号线在东宝兴站下；乘坐502、47路在同心站下车即可

赵世炎故居 工人领袖的故居

Zhao Shi Yan Gu Ju

推荐星级★★★★

赵世炎故居位于虹口区多伦路189号，这里是著名工人领袖赵世炎的故居。现在已成为文风奇石馆。馆内藏有造型石、生物化石、宝玉石、文芳石等万件藏品。

小贴士 TIP

- 上海虹口区多伦路189号
- 乘地铁3号线在东宝兴路站下；乘地铁8号线在虹口足球场站下；乘坐47、502路在同心路站下车

薛公馆 英伦风格的建筑

Xue Gong Guan

推荐星级★★★★

薛公馆建于1920年，是薛氏斥巨资建造的庭院式住宅。整栋建筑使用青砖砌筑，四周还有较大的庭院，入口处的建筑为新古典主义风格，整栋楼带有英伦建筑风格，形式上受英国侨治王朝时期风格的影响。入口门廊为新古典主义样式。抗战时期曾作为侵华日军海军武官府驻地。

小贴士 TIP

- 上海虹口区多伦路66号
- 乘地铁3号线在东宝兴路站下；乘坐47、101、51路在同心路站下车

汤公馆 汤恩伯的旧居

Tang Gong Guan

推荐星级★★★★★

汤公馆位于虹口区四川北路2023号，是汤恩伯在上海的旧居。整栋楼使用红色的墙配上白色的贴面，左右各有一小门，格局对称，两侧各有一个白色大理石雕刻而成的圆形壁龛，还有楼台，且楼台上面还雕刻了精美的图案，显得很壮观，建筑为法式新古典主义风格。

小贴士 TIP

- 上海虹口区四川北路2023号
- 乘地铁10号线在四川北路站下；乘坐47、51、502路在同心路站下车

白公馆 白崇禧的法式寓所

Bai Gong Guan

推荐星级★★★★★

白公馆位于虹口区多伦路210号，这里为国民党将领白崇禧的寓所。其子白先勇童年也曾在此居住过。整栋楼的外墙以红色为主，配以白色的科林斯巨柱，并且柱子上还有精美的雕花，建筑为法式新古典主义风格，显得富贵典雅，奢华大气。

小贴士 TIP

- 上海虹口区多伦路210号
- 乘地铁3号线在东宝兴路站下；乘坐47、51、502路在同心路站下车

四川北路公园 闲暇之余休憩的好去处

Si Chuan Bei Lu Gong Yuan

推荐星级★★★★★

四川北路公园位于虹口区四川北路1468号，是一座开放式绿地。公园内的建造都以回归大自然为主，另外还有七八个大景区，绿树成荫，流泉飞瀑，很美丽壮观，是闲暇之余休憩的好去处。

小贴士 TIP

- 上海虹口区四川北路1468号
- 乘地铁10号线在四川北路站下；乘坐949、13、922路在吴淞路站下车

内山书店 | 鲁迅与内山完造友谊的见证者

Nei Shan Shu Dian

推荐星级★★★★

内山书店位于虹口区四川北路2048号，是鲁迅与日本友人内山完造友谊的见证。鲁迅在上海时期经常到内山书店里面看书。内山完造曾多次救助在危难之中的鲁迅。现今，内山书店旧址为中国工商银行办公地点。

小贴士 TIP

- 上海虹口区四川北路2048号
- 乘地铁3号线在东宝兴站下；乘坐962、47、848路在山阴路站下车

东泰休闲广场 | 聚集美食的综合性广场

Dong Tai Xiu Xian Guang Chang

推荐星级★★★★★

东泰休闲广场位于虹口区四川北路2024号，这里聚集了很多有特色的美食餐厅，大广场晶莹剔透的玻璃外墙结合豪华的铝板，显得格外诱人，内部设计很有特色。这里出售一些小商品、化妆品、服饰等。

小贴士 TIP

- 上海虹口区四川北路2024号
- 乘地铁8号线在虹口足球场站下；乘坐962、47、317路在山阴路站下车

巴黎春天（虹口店） | 顶级品牌商场

Ba Li Chun Tian

推荐星级★★★★★

巴黎春天位于虹口区四川北路1688号，是上海潮流高档品牌引领者。商场的外观是法式古典建筑风格，大气典雅、气势宏伟，外墙还有精美的浮雕。店内聚集了世界顶级的品牌，以服饰、化妆品和家具为主，其中很多来自日本、韩国、意大利、法国等众多国家。店内还有供游客和顾客休息的咖啡屋，在购物之余还可以在舒适的环境中放松一下。

小贴士 TIP

- 上海虹口区四川北路1688号
- 乘地铁3号线在东宝兴路站下；乘坐922、6、25路在四川北路站下车

东宝百货（虹口店）

Dong Bao Bai Huo

推荐星级★★★★

东宝百货位于虹口区四川北路1666号，这里是四川北路上最有吸引力的商场，汇聚了众多的品牌，主要零售服饰、休闲鞋、内衣、办公用品、家具等，还有美食。

小贴士 TIP

- 上海虹口区四川北路1666号
- 乘地铁3号线在东宝兴路站下；乘坐922、13路在吴淞路站下车

虹口足球场

亚洲一流的专业足球场

Hong Kou ZU Qiu Chang

推荐星级★★★★★

虹口足球场位于虹口区东江湾路，占地面积5.6万平方米，外观造型很醒目，非常有气派。它是国内第一座，也是亚洲一流的专业足球场，很值得参观。

小贴士 TIP

- 上海虹口区东江湾路
- 乘地铁3号线和8号线在虹口足球场站下；乘坐537、217路在虹口足球场站下车

浦江饭店

名人来访最多的饭店

Pu Jiang Fan Dian

推荐星级★★★★★

浦江饭店是上海开埠口的第一家饭店，有“远东第一酒店”的美誉，是中国豪华饭店的代表。卓别林、罗素等名人都曾来此吃饭，饭店内有多家特色餐厅，供应粤菜、上海本帮菜等各种菜肴。

小贴士 TIP

- 上海虹口区黄浦路15号
- 乘地铁10号线在海伦路站下，再换乘61路在吴淞路天潼路站下车

咸亨酒店 | 上海老字号酒家

Xian Heng Jiu Dian

推荐星级★★★★★

咸亨酒店位于虹口区多伦路22号，创建于清光绪年间（1894年），是上海老字号酒家。店内的装修古朴秀丽，富有浓厚的文化气息。主要经营浓郁的绍兴地方特色菜肴及正宗的绍兴黄酒，招牌菜有：干菜焖肉、茴香豆、油炸臭豆腐、鱼头汤、呛虾、醉鸡、绍兴黄酒。

小贴士 TIP

- 上海虹口区多伦路22号
- 021-56966767
- 人均消费 50元

万寿斋 | 上海老字号点心店

Wan Shou Zhai

推荐星级★★★★★

万寿斋位于虹口区山阴路123号，这是一家上海老字号点心店。其店面狭小，但是环境幽静，深受街坊邻居的青睐。招牌菜有：三鲜馄饨，鲜香可口，味道十足。

小贴士 TIP

- 上海虹口区山阴路123号
- 乘地铁8号线在虹口足球场站下；乘坐848、47、962路在山阴路站下车
- 021-62740084

飞龙生煎 | 上海本地人最爱的生煎

Fei Long Sheng Jian

推荐星级★★★★★

飞龙生煎位于虹口区四川北路2002号东泰休闲广场内，已经有百年的历史，是上海本地人最爱的，也是上海最有特色的点心。飞龙生煎，皮脆馅鲜香，味道十分地道。它是采用半发酵的面粉包上鲜肉和皮冻，入锅以后再撒上一层葱花和芝麻。

小贴士 TIP

- 上海虹口区四川北路2002号
- 乘地铁3号线在东宝兴路站下；乘坐962、47、317路在山阴路站下车
- 021-65877822

振鼎鸡 上海人最爱的白斩鸡快餐店

Zhen Ding Ji

推荐星级★★★★★

振鼎鸡位于虹口区溧阳路1400号，是深受上海人青睐的振鼎鸡店。店里面最有特色的是白斩鸡，并且这里的鸡粥配上一盘白斩鸡再加上一碗鸡汁非常美味，来此吃饭的大都是地道的上海人。

小贴士 TIP

- 上海虹口区溧阳路1400号
- 乘地铁3号线在东宝兴路站下；乘坐962、317、47路在山阴路站下车

老城厢 上海老街

Lao Cheng Xiang

推荐星级★★★★

老城厢地区荟萃了众多名胜古迹，如：豫园、露香园、也是园、日涉园等，这些私家园林不仅有楼台亭阁之胜，而且有山水自然之美；城隍庙、白云观、沉香阁等，这些寺庙的殿宇建筑和佛像造型均体现了精湛的建筑技巧和雕塑艺术；书隐楼、九间楼是今上海留存不多的明清宅第建筑。其中豫园经多次修整，被列为全国重点文物保护单位；沉香阁、大境阁及古城墙小北门段已修复。由此可以看出，老城厢是很值得游玩参观的。

小贴士 TIP

- 上海昆明路355号

乍浦路美食街 上海最早的美食街之一

Zha Pu Lu Mei Shi Jie

推荐星级★★★★★

乍浦路美食街位于虹口区西南部，这里的美食街形成于20世纪80年代，是上海最早的美食街之一。这里曾经聚集了100多家美食店，但是现在只剩下30多家，夜晚这里灯光四溢，被称为“上海的美食不夜城”。

小贴士 TIP

- 上海虹口区乍浦路
- 乘地铁10号线在天潼路站下；乘坐223、510、63路在吴淞路站下车

杨浦区

Yangpuqu

杨浦区位于上海中心城区东北部，坐拥上海十大商业中心之一的江湾五角场，上海第三代国际社区新江湾城等。

上海院士风采馆 | 科普和爱国主义教育的基地

Shang Hai Yuan Shi Feng Cai Guan　推荐星级★★★★

上海院士风采馆位于杨浦区国顺东路800号，是全国首家以集中展示两院院士风采为主题的专门展馆，分为四个展区：科学道路 、星光璀璨、拜访院士、异域采风。这里是一个对青少年进行爱国主义教育和科普教育的基地，也是院士进行学术交流，探索创新思维的场所。馆内收集了院士的工作、生活音像信息、文献实物、照片资料、2000余册各类书籍等，可供参观学习。

小贴士 TIP

- 上海杨浦区国顺东路800号
- 乘地铁8号线在黄兴公园站下
- 021—55226911

国歌纪念广场 | 国歌的纪念地

Guo Ge Ji Nian Guang Chang　推荐星级★★★★★

国歌纪念广场外形是一个大型开放式圆形广场。广场的中央还矗立着一座独特的主题雕塑，其造型为一面经过战争和历史风云洗礼的国旗，广场的外形寓意《义勇军进行曲》从上海唱响后，传遍大江南北。国歌展示馆由序厅、国歌诞生厅、国歌纪念厅、国歌震撼厅、辅厅、共和国歌厅组成。展厅有400余件文物、文献和历史照片。

小贴士 TIP

- 上海杨浦区荆州路151号
- 021-65458100
- 乘坐934、33、868、22、137、842路在国歌纪念广场站下

渔人码头 | 杨浦滨江崛起的标志

Yu Ren Ma Tou　推荐星级★★★★★

渔人码头位于黄浦江、杨树浦港的两港交汇处，东至杨树浦港，北起杨树浦路，南至黄浦江，占地面积约19万平方米，建于1938年。现在这里形成了具有特色的休闲、文化场所，成为上海的一个时尚新地标。在渔人码头的自然滩涂区里，滩涂观光车、滩涂骑马、沙滩摩托车、拾贝壳、捉螃蟆、自由放飞风筝等项目可以让游客尽情享受在滩涂上的乐趣。人工沙滩区有高驾自行车、松林飞鼠、碰碰车、升降战斗机、海盗船、摩天环车、旋转木马、儿童充气城堡等游乐项目。这里既有中国近代工业开埠以来的历史见证，也有近现代科技的展示，是一道充满历史感，又充满现代感的风景线。

小贴士 TIP

- 上海杨浦区

上海国际时尚中心 | 亚洲规模最大的时尚中心

Shang Hai Guo Ji Shi Shang Zhong Xin 推荐星级★★★★

上海国际时尚中心位于杨浦区杨树浦路2866号，建筑面积约14.3万平方米。这里将打造远东地区规模最大、时尚元素最丰富的时尚之都，与虹口区北外滩交相辉映，演绎繁华与璀璨。中心外墙为清水红砖，既保留了20世纪20年代老上海工业文明的历史年轮，又融入了当代时尚的审美元素。建成后的“上海国际时尚中心”将同时具备时尚多功能秀场、时尚接待会所、时尚创意办公、时尚精品仓、时尚公寓酒店和时尚餐饮娱乐六大功能区域，将是亚洲规模最大的时尚中心，是上海乃至全国设施最完备、配套最齐全的专业秀场，也是世界顶级品牌发布的首选地，并将成为上海国际服装文化节、上海时装周的主场，世界五大“时尚之都”的代表机构都将来此入驻，也将为人们接触时尚、了解时尚、感受与体验时尚提供平台。

小贴士 TIP

- 上海杨浦区杨树浦路2866号
- 乘地铁四号线在杨树浦路下，换乘60、577路在杨树浦内江站下
- 021-65691081

江湾五角场 | 上海十大商业中心之一

Jiang Wan Wu Jiao Chang 推荐星级★★★★

江湾五角场因邯郸路、四平路、黄兴路、翔殷路、淞沪路五条发散型大道的交汇处而得名。江湾五角场分为南部、中部和北部三块，南部为上海十大市级商业中心之一、科教商务区；中部为知识创新中央社区，由4个主要功能区组成，分别为“创智天地广场”、“创智坊”、“江湾体育场”与“创智天地科技园”；北部为高端知识商务中心，有大量世界级跨国的公司研发中心、公司总部以及国际学术交流中心等入驻其中。

小贴士 TIP

- 上海杨浦区
- 地铁10号线五角场站下
  乘139、118、812、59、90路可到达

江湾五角场夜景

蜀菜行家 | 吃正宗川菜的首选地

Shu Cai Hang Jia

推荐星级★★★★★

蜀菜行家位于杨浦区邯郸路600号，这里是吃正宗川菜的首选地。店内主打菜是川菜，以传统川菜为主，这里的菜注重色、香、味、形，讲究调味，以麻、辣、酸、甜、咸、鲜香脍炙人口。如“麻辣土鸡”，就是红油的香辣和花椒的微麻，统统俱全，却完全没有掩盖住鸡肉的香味，肉质依然嫩滑，还有西施玉米最有特色，粟米色拉及青豆泥，酸酸甜甜，清新爽口。特色菜肴有馋嘴牛蛙、水煮鲶鱼、西施玉米、手撕羊排、麻辣鸭头、川北凉粉、水煮鲇鱼、麻酱油麦菜、担担面、行家大排、碳烤稻香蛙、盐煎肉。

小贴士 TIP

上海杨浦区邯郸路600号

乘坐139、168、405、453、538、712、713、749、812、817、819、842路在邯郸路下　021-33621117　人均消费 76元

闵行区

Minhangqu

闵行区位于整个上海的地域腹部，是上海最靠近市中心的郊区之一，有上海交通大学（闵行校区）、华东师范大学（闵行校区）等多所高校。

马桥古文化遗址

为研究上海古代史提供了超有力的帮助

Ma Qiao Gu Wen Hua Yi Zhi

推荐星级★★★★★

马桥古文化遗址位于闵行区马桥镇东俞塘村。这里保存了大量不同历史时期的文化遗产，现出土的文物就有1000余件，其中有陶瓷生活用具、石器、骨器及少量的青铜生产工具等。马桥古文化遗址的发掘为研究长江中下游人类的发展史，特别是太湖地区的原始文化和上海的古文化史提供了重要的资料。

小贴士 TIP

上海闵行区马桥镇东俞塘村

烈士陵园

纪念革命先烈

Lie Shi Ling Yuan

推荐星级★★★★★

烈士陵园位于闵行区中春路3999弄388号，整个陵园占地24600多平方米。陵园由办公楼、祭扫广场、革命烈士事迹陈列馆、烈士墓区四部分组成。祭扫广场西侧有个高4.5m的纪念碑，镌刻着毛泽东同志的题词：革命烈士永垂不朽。烈士墓区呈梯田状，埋葬着抗日战争、解放上海战役中牺牲的部分解放军指战员和支前民工，以及建国后因公不幸牺牲的181位革命烈士的忠骨。馆内主要展示革命烈士生平事迹介绍、烈士遗像、遗物等。陵园内松柏常青，庄严肃穆。

小贴士 TIP

上海闵行区中春路3999弄388号　交通：乘坐莘春线、747路在烈士陵园站下车　开放时间 10:00～17:00

闵行体育公园

上海最大的综合型公园之一

Min Hang Ti Yu Gong Yuan

推荐星级★★★★★

小贴士 TIP

上海闵行区新镇路456号

乘坐173、753、763、804、闵行8路在闵行体育公园站下车

021-54860606

闵行体育公园位于闵行区新镇路456号，总面积1260亩，是上海最大的综合型公园之一。公园内的设计很有特色，将运动和休闲融于独特的环境景观中。园内设有体育场、热带风暴水上乐园、青少年活动中心以及湿地生态区、卵石溪流区、翡翠山林区等10个景区等。除此之外，园内还种植了香樟、广玉兰、水杉等乔木和其他花草，环境非常幽静。

银七星室内滑雪场 | 规模目前为亚洲第一

Yin Qi Xing Shi Nei Hua Xue Chang　推荐星级★★★★★

银七星室内滑雪场位于闵行区七莘路1835号，总占地面积为100800m²，目前规模为亚洲第一。滑雪场分为滑雪道和练习大平台，可供近千名游客来此滑雪。银七星室内滑雪场还为游客提供了观光吧、七星阁餐厅、桑拿浴场、休息客房、多功能厅、KTV、按摩室、SPA室、茶坊等多种休闲娱乐设施。

小贴士 TIP

- 上海闵行区七莘路1835号
- 乘坐莘北线、莘纪线、宝钱线、沪松专线、南嘉线在七莘路站下车
- 021-64788666　营业时间 10:00～22:00　人均消费 100元

锦江乐园 | 上海第一家大型现代化游乐园

Jin Jiang Le Yuan　推荐星级★★★★★

锦江乐园位于闵行区虹梅路201号，占地面积 11 万平方米，现拥有 30 多项大中型游乐项目。这里将娱乐、情趣、艺术造型和自然风光奇妙地融于一体，给游客带来休闲的乐趣。除此之外，还引进了“欢乐世界”、“峡谷漂流”、“探空飞梭”、“水上骑士”等娱乐设施。另外，配有休闲屋、餐厅、商场、客房、旅行社等，让游客在游乐的同时享受最优厚的待遇。

小贴士 TIP

- 上海闵行区虹梅路201号
- 乘地铁1号线在锦江乐园站下车即可
- 021-54204956

群众艺术馆 | 全国一级群艺馆

Qun Zhong Yi Shu Guan　推荐星级★★★★★

群众艺术馆建于1986年。这里拥有舞蹈房、琴房、大教室、卡拉OK厅、舞厅、游戏厅等。全区各类大型群众文化活动的组织策划都由此负责。在音乐、戏剧、舞蹈、美术、摄影和书法等方面，开展创作、表演、培训活动。这里有很多精彩的作品，如《花农嫁女》、《花缘》、《牧归》、《失落的家园》、《艺苑人生》、《花样年华》等。

小贴士 TIP

- 上海闵行区莘庄镇莘松路378号
- 021-64880324
- 乘坐108、100、 103、113路在莘庄镇莘松路站下车

热带风暴

亚洲最大的露天水上乐园之一

Re Dai Feng Bao

推荐星级★★★★★

热带风暴位于新镇路，占地130亩。园中营造了湖泊、河流、沙滩，拥有30多种惊险、刺激的水上游乐项目，是目前亚洲最大的露天水上乐园之一。夏季是消闲避暑的全新去处，让游客能亲身体验世界级水上乐园的风采。

小贴士 TIP

- 上海闵行区新镇路78号
- 021-64783333
- 乘地铁1号线在莘庄站下
- 门票 100元

七宝古镇

刺激集挑战于一体的游乐场所

Qi Bao Gu Zhen

推荐星级★★★★★

七宝古镇位于闵行区七宝镇新镇路78号，这里是上海古老的古镇老街。素有“十年上海看浦东、百年上海看外滩、千年上海看七宝”的美誉。这里最有特色的是“霹雳河”与“风暴滩”。这两个都是七宝古镇的游乐项目，充满了刺激和惊险。“群龙争霸”和“海盗滑道群”这两个刺激的项目很适合情侣共同挑战，另外还专为儿童设计了“海盗船”、“欢乐水工厂”以及“林屋探秘”等。

小贴士 TIP

- 上海闵行区七宝镇新镇路78号
- 乘地铁1号线在莘庄站下，转乘763路在新镇路站下车即可

松江区

Songjiangqu

松江区位于上海市西南，黄浦江上游，曾经是上海地区的政治、经济与文化中心，历史上曾有“苏（苏州府）松（松江府）财赋半天下”之美誉。

松江唐经幢

上海现存最古老的地面建筑

Song Jiang Tang Jing Zhuang

推荐星级★★★★★

松江唐经幢位于松江中山小学内，建于唐代（859年），是上海现存最古老的地面建筑，整个建筑是用大青石雕刻垒砌而成的。经幢最初的建筑形状只是一根八角或六角形的石柱，上刻经文，称幢身，下托基座，上盖幢顶，造形简朴。幢身8面，刻有《尊胜陀罗尼经》全文，并有题记。据幢上题记中有“立于通衢”等语，可见立幢之地，原为通衢大道。后来经过修建后显得雄伟秀丽，并且各层配置及雕刻的图案都焕然一新，更显出造型的优美和谐及雕刻技术的洗练圆熟、细腻生动，如海水纹、山龙束腰、四天王像、菩萨石窟、雄狮、莲座等，都表现得简洁明快。经幢顶部一级，周身刻着16个佛像，郡主在二女官扶持下前去礼佛，人物栩栩如生，更显盛唐的艺术风格。

小贴士 TIP

- 上海松江区西司弄43号（松江中山小学内）
- 乘坐104、109、102、108、105路下即可
- 021－57822157

兴圣教寺塔

造型秀美的塔刹

Xing Sheng Jiao Si Ta

推荐星级★★★★

兴圣教寺塔位于松江镇中山东路南侧方塔园内。塔的建筑外形呈四方形，故称方塔。其为砖木结构，共9层，高42.5m，塔内各层有木梯。塔刹由塔心木、铜葫芦、相轮铸件、浪风索等组成。经过修缮后，塔的造型更加美观，做工更加精巧。尤其是斗拱、壶门上的月梁及砖身上的撩檐枋等，十分古朴秀美，其中斗拱至今保存宋代原物60%以上。底层有“地宫”，为一离地面1.5m以下的砖室，内有石盒、铜佛等遗物。兴圣教寺塔曾被誉为江南造型最美的塔，清代《松江竹枝词》有一首专记方塔：“巍巍楼阙梵王宫，金碧名蓝杳霭中。近海浮屠三十六，怎如方塔最玲珑。”

小贴士 TIP

- 上海松江区中山东路南侧方塔园内
- 乘坐松梅专线在方塔园站下车

醉白池

上海五大江南古园林之一

Zui Bai Chi

推荐星级★★★★★

醉白池位于松江区人民南路64号，是上海五大江南古园林之一，由山石堆砌而成，别具一格。内有老树轩、池上草堂和鸳鸯亭等胜景及宋、明以来的名人碑碣、石刻，有亭台舞榭拥池而建，池水清澈见底，游人可依栏赏景，趣味盎然。园内还有赏鹿厅、玉兰院、深柳读书堂、雕花厅等，环境幽静，空气清新，古木葱茏，亭台密布，是感受古园林文化气息的首选地。

小贴士 TIP

- 上海松江区人民南路64号
- 乘坐105、115、 100、112路到人民南路站下车即可
- 021－57814763
- 开放时间 8:00～17:00
- 票价 12元

佘山 | 旅游胜地的荟萃地

She Shan

推荐星级★★★★★

佘山位于中国上海市松江区，是大上海的后花园，也是上海著名市郊风景区。现建有佘山国家森林公园，并且山上有著名的佘山圣母大教堂，还有秀道者塔、佘山地震基准台、佘山月湖和佘山天文台等著名旅游景点。同时还有众多饭店、茶吧等，现已形成集游乐、观光、会务、休闲、度假、居住等多项功能于一体的综合型旅游度假区的雏形，吸引了大量游人前来观光游览。

小贴士 TIP

- 上海松江区佘山镇外青松路
- 乘地铁9号线在佘山镇外青松路站下车即可

圣母大殿 | 远东第一座受到教宗敕封的圣殿

Sheng Mu Da Dian

推荐星级★★★★★

圣母大殿位于松江区佘山镇西佘山山顶，是中国天主教著名的圣母朝圣地，与法国罗德圣母大殿齐名。该教堂始建于1871年，集多种建筑风格于一体，采用的是无木无钉无钢无梁的四无结构，堪称不对称的典范。经过修建后，建筑风格为罗马式，平面呈拉丁十字形，立面四周红砖墙上尖拱形彩色玻璃窗，顶屋脊则铺以碧绿色琉璃瓦，是远东第一座受到教宗敕封的圣殿。大堂内部还有小耶稣的铜像和祭台等，很多大型的朝拜活动都在此举行。

小贴士 TIP

- 上海松江区佘山镇西佘山山顶
- 乘坐松江33路、松江92路在桃源路佘北公路站下
- 021-57651521

佘山国家森林公园 | 国家级的森林公园

She Shan Guo Jia Sen Lin Gong Yuan

推荐星级★★★★★

佘山国家森林公园位于上海市郊西南松江区境内，是国家级的森林公园。公园内环境颇为幽静，景色优美，四面都环山，树木茂密葱郁，松林青翠，园内还有上海地区的最高峰。园内景点有天主教朝圣地、经摺路上的十四处苦路像、秀道者塔、聪道人与虎树亭等。著名的佘山天文台和地震台也在此。这里吸引了大量的游客，很多结婚的新人都到此拍婚纱照。

小贴士 TIP

- 上海松江区佘山镇外青松公路
- 乘坐青松专线、沪陈线、松陈专线、松江92路、石青专线在佘山国家森林公园下车
- 021-57657231

佘山天文台 | 具有欧式风格的天文台

She Shan Tian Wen Tai

推荐星级★★★★

佘山天文台位于松江区外青松公路，建成于1900年，是一座具有欧洲建筑风格的天文台。初建时在台内还安装了“远东第一”的40cm双筒折射望远镜，百年来拍下了7000多张珍贵的天文照片。现建成国内第一家专业天文博物馆——上海天文博物馆。馆内有两大展馆，“时间与人类”和“中外天文交流”。“中外天文交流”分为“天学交流”、“子午测时”、“远镜沧桑”、“百年老镜”、“天书宝库”等展区，以丰富的文物和史料展示近代天文科学在中国，特别是上海地区发展的历史，并穿插介绍了相关的天文知识，为天文学术界做出了卓越的贡献。除此之外，这里还经常开展天文科普观测活动和知识讲座。

小贴士 TIP

- 上海松江区外青松公路
- 021-57651209
- 乘坐南佘线、沪佘昆线、上佘线、沪成线、旅游一号在佘山天文台站下车

广富林遗址 | 上海最古老的史前文明遗迹

Guang Fu Lin Yi Zhi

推荐星级★★★

广富林遗址堪称上海乃至长三角地区考古重镇，这里出土了一大批上海地区最古老的史前文明遗物遗迹，从而成为上海地区已知最早的进行区域文化交流，拥有显著移民特征的古代文化遗址。根据广泛的深入发掘，出土了众多有重要价值的文物和古代城市遗迹，将上海地区的建城史又向前推进了数百年，广富林遗址目前已被命名为广富林文化。

小贴士 TIP

- 上海松江区
- 轻轨9号线，倒数第二站换乘松江15路

泗泾古镇 | 上海之根

Si Jing Gu Zhen

推荐星级★★★★★

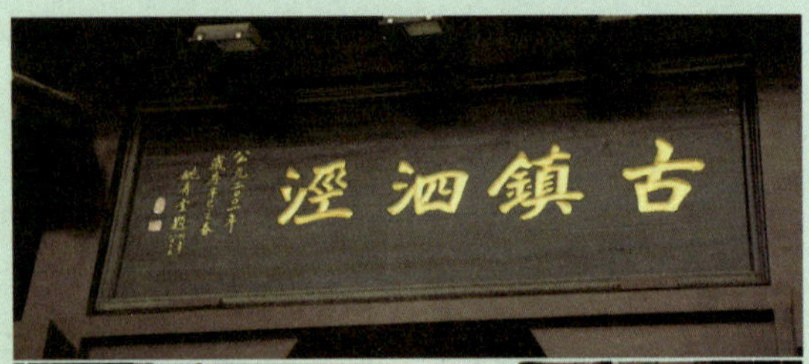

泗泾古镇位于上海市松江区的东北部，北临机场，西接佘山国家旅游度假区，南望松江大学城，东连上海市区。泗泾古镇历史悠久，被称为“上海之根”，最早叫会波村，南宋改名七间村。一直到元代中叶，因外波泾、通波泾、洞泾、张泾四条泾水汇集于此，才正式取名为“泗泾”。泗泾是一个具有丰富文物资源的古镇，泗泾老街的大门口，眼前的古牌楼已重新整修一新，桥下的溪水潺潺，诉说着古镇沧桑的历史，福田净寺、方塔、武安桥、福连桥、普度桥，和宝塔，构成了这块风水宝地的“三弓一箭”，也应和了民间“三弓一箭安一方”之说。

小贴士 TIP

- 上海松江区
- 乘轻轨9号线、松江46路、47路可到达
  自驾：人民广场→延安高架→外环线（沪杭高速公路方向）→漕宝路→沪松公路→泗泾
- 门票 3元

方塔园 | 展示上海人文及历史文化

Fang Ta Yuan

推荐星级★★★★★

方塔园位于松江区中山东路235号，始建于1978年，是一座集中展现上海人文历史及文化的经典园林。园林东面有爱民街，西边有三公街，既是古代文人的会聚地，又是松江遗址的缩影。园内有众多国家级文物，如宋代方塔、明代大型砖雕照壁、宋代望仙桥、明代兰瑞堂、清代表妃宫、清代陈化成祠堂，还有仿古长廊、古堑道、何陋轩、塔影舫、五老峰等，建筑都非常有特色，上面的图案雕刻也非常精致典雅。园内有大草坪、水池、竹林、林荫小道、花圃、各种各样的花卉及其他植物，吸引了大量的游客到此参观欣赏，还引来不少影视界的导演来此拍摄取景，如《西厢记》、《牡丹亭》、《窦娥冤》、《聊斋》、《封神榜》、《济公》、《杨乃武与小白菜》、《祝枝山传奇》等。

小贴士 TIP

- 上海松江区中山东路235号
- 乘坐松梅专线到方塔园站下车
- 门票 12元

上海影视乐园 | 中国十大影视基地之一

Shang Hai Ying Shi Le Yuan 推荐星级★★★★

上海影视乐园是中国十大影视基地之一，已建成全布景式的“南方街道”和实景式场地景“30年代南京路”、“上海里弄民居”，为影视创作提供了理想的拍摄场景，还将建成四座大型和三座小型的摄影棚，及“上海老城厢”、“大世界游乐场”、“城隍庙”、“卡通世界”、“明星广场”、“特技场”等景点，还设有很多娱乐设施。很多电视剧在此取景，如《情深深雨蒙蒙》、《色戒》、《还珠格格》、《大灌篮》、《功夫》等。

小贴士 TIP

- 松江区车墩镇北松公路4915号
- 乘地铁1号线到至虹梅路站换乘沪金线、沪卫线、卫梅线在车墩站下
- 021-57601627　门票 50元

上海青青旅游世界 | 综合型休闲娱乐场所

Shang Hai Qing Qing Lv You Shi Jie 推荐星级★★★★

上海青青旅游世界位于松江城区以北6km处的洞泾镇中山街道，园内拥有一座四星级酒店的青青大酒店，内部配备的会议设施有商务中心、多功能会议厅、大宴会厅，娱乐设施有跑马场、钓鱼池、健身房、游泳池等，娱乐项目有定向越野、彩弹射击等，餐饮设施有能同时容纳600人的中、西餐厅，休闲设施有花艺、农艺示范区、养殖场，还有众多的景点，如百米大道、欧式牌楼、亲水公园、国际花园、紫藤长廊、情人岛、沙滩、星月湖风景区、民俗村、来音湖、玫瑰苑、森林区、果园、农艺园、露天舞台等，是度假休闲娱乐的好场所。

小贴士 TIP

- 上海松江区洞泾镇辰花公路388号
- 乘地铁9号线即可到达
- 021-37678006
- 开放时间 9:00～22:00

上海欢乐谷 | 大型主题公园

Shang Hai Huan Le Gu 推荐星级★★★★★

上海欢乐谷位于松江区佘山镇林湖路888号，是集动感、时尚、欢乐、梦幻于一体的大型主题公园，2009年开放，成为上海乃至全国规模最大、景色最美、科技含量最高的主题公园。这里的游乐设施很齐全，如谷木游龙、绝顶雄风、天地双雄、飞旋驼峰、蓝月飞车等，都超级惊险、刺激，另外“旋转木马”欢乐奔跑也是很不错的，还可以去“蚂蚁王国”体验纯真的趣味。

小贴士 TIP

- 上海松江区佘山镇林湖路888号
- 乘轨道交通9号线到佘山站下，换乘欢乐谷专线到欢乐谷前广场站下车
- 021-33552222　开放时间 9:00～18:00

青浦区

Qingpuqu

青浦区位于上海市西部，太湖下游，黄浦江上游，是江浙沪的重要水上通道。青浦区水系丰富，农业较发达。区内白鹤镇是西气东输管道的终点。境内有全国重点文物保护单位的福泉山遗址和江南水乡古镇朱家角镇，以及近年来在淀山湖边新建的大观园和东方绿舟公园等。

朱家角古镇

江南水乡之地

Zhu Jia Jiao Gu Zhen

推荐星级★★★★★

青浦区朱家角古镇新风路是一处富有浓郁江南水乡气息的地方。这里有迷人的自然风光，有名副其实的青山碧水，真切地展现出江南水乡的特色。除了有美景外还有很多特色的小吃街和深巷，特色小吃有扎肉、肉馅烧卖、炙毛豆、红烧蹄、阿婆粽、麦芽糖、臭豆腐等。

小贴士 TIP

- 上海青浦区朱家角古镇新风路
- 乘沪朱专线、沪商专线、朱家角1路、朱家角2路、朱家角3路到朱家角汽车站下车沿祥凝浜路西行至新风路右转即可到达
- 021-59240077

上海东方绿洲

中国最大的休闲旅游中心

Shang Hai Dong Fang Lv Zhou

推荐星级★★★★★

上海东方绿洲位于青浦区西南，临近风景宜人的淀山湖畔，占地面积5600亩，其中水域面积达2000亩。东方绿舟由知识大道区、勇敢智慧区、国防教育区、生存挑战区、科学探索区、水上运动区、体育训练区、生活实践区共八大园区组成。这里风光旖旎、水域浩淼、植物苍翠葱郁，园内景物密布，建筑群落也是星罗棋布，建筑风格各异，是旅游观光、休闲度假的好地方。

小贴士 TIP

- 上海青浦区沪青平公路6888号
- 乘黄浦体育场旅游专线、沪朱线、沪商线、杨浦体育场旅游专线、虹口体育场旅游专线、沪青线在东方绿洲站下车
- 021-59233000

淀山湖 上海最大的天然淡水湖泊

Dian Shan Hu

推荐星级★★★★★

淀山湖位于上海市青浦区西面，面积62km²，与江苏、浙江交界，属太湖水系，湖水碧澄。沿湖周围有金泽、商榻、西岑等水乡小镇。淀山湖是非常著名的旅游风景区，是我国20世纪80年代新建的一处大型风景区，经过多年的扩建，现在已成为上海最大的旅游胜地。景区内建传统园林艺术充分再现了红楼的胜景大观园，还有茂盛的绿草地，仿古建筑鳞次栉比，布局错落有致，建筑精致豪华，风格典雅。周边还有很多旅游景点，如：朱家角镇、大观园等。

小贴士 TIP

- 上海青浦区青浦县西
- 乘沪青线到青浦换乘青商线到商榻站下车

曲水园 上海五大古园林之一

Qu Shui Yuan

推荐星级★★★★★

曲水园位于青浦区公园路612号，建于清朝乾隆年间。园内建筑以青瓦、白墙、青砖构成，树木枝荣叶茂，花繁果硕，素有“春日樱桃争艳，夏天荷花出水，入秋金桂馥郁，冬令腊梅璀璨”。全园的中心景物是凝和堂，有觉堂、花神堂左右并峙，横向一轴三堂，是园林中少见的。进入园林，引入眼帘的是紫藤缭绕，松槐婆娑，山茶多姿，银杏参天，门口松梅山石盆景，更显古朴典雅。院内梅树古松，让人心醉神迷。园以小巧玲珑、典雅古朴著称，是上海五大古典园林之一。

小贴士 TIP

- 上海青浦区公园路612号
- 乘坐青浦公交9路在曲水园站下车
- 021-59728861

福泉山古文化遗址 | 墓葬的重大发现

Fu Quan Shan Gu Wen Hua Yi Zhi

推荐星级★★★★★

福泉山古文化遗址位于青浦区福泉山路658号。先后经过两次挖掘，共挖掘并清理了新石器时代崧泽文化墓葬16座，良渚文化墓葬10座，战国墓葬3座，西汉墓葬46座和唐、宋各一座，以及良渚文化晚期的土坑，出土石、陶、玉、骨、铜器和象牙雕刻器共1000件，为考古做出了巨大的贡献。

小贴士 TIP

- 上海青浦区福泉山路658号
- 乘坐105、106、108、109、110路在福泉山路站下

大观园 | 融休闲、旅游为一体的综合型乐园

Da Guan Yuan

推荐星级★★★★★

大观园位于青浦区青商公路701号，是上海五星级公园，也是一个融观光、旅游、休闲为一体的综合性游乐园。园的整体设计是依照小说《红楼梦》中描述的大观园的样子而建的，总体布局以大观楼为主体，园内“省亲别墅”石牌坊、石灯笼、沁芳湖、体仁沐德、曲径通幽、宫门、“太虚幻境”浮雕照壁、木牌坊等。西侧设置了拢翠庵、梨香院、石舫等。东侧设置了潇湘馆、蘅芜院、蓼风轩、稻香村等很多建筑景点。

小贴士 TIP

- 上海青浦区青商公路701号
- 乘坐青商专线在大观园站下车
- 021-59262831

嘉定区

Jiadingqu

嘉定位于中国大陆经济龙头——上海的西北部，是建设中的上海国际汽车城所在地。这里民风纯朴，文风鼎盛，风光秀丽，人杰地灵，素有“教化嘉定”的美称。

古猗园 上海五大古园林之一

Gu Yi Yuan

推荐星级★★★★★

古猗园位于嘉定区南翔镇沪宜路218 号，是上海最古老的园林之一。园内的景区有逸野堂、戏鹅池、松鹤园、青清园、鸳鸯湖、南翔壁，十分典雅。园内，亭有幽赏亭、孕清亭、梅花亭、怡翠亭、孤山香雪亭、嘉树亭、仿雪亭、荷风竹露亭；廊有承香廊、绘月廊和一无名曲廊；轩有鸢飞鱼跃轩、西水轩、柳带轩、听雨轩；楼、阁有环碧楼、翠霭楼、浮筠阁、岭香阁；桥有磬折渡桥、浮玉桥，还有春藻堂、清馨山房、坐花斋、书画舫、蝶庵、药栏等建筑。园内除广植竹外，还专辟了一个竹圃，体现了“绿竹猗猗”的意境。

小贴士 TIP

- 上海嘉定区南翔镇沪宜路218 号
- 乘坐822路、沪唐线、北嘉线、虎南线、南翔1号、南翔2号在古猗园站下车即可
- 021-59122225

嘉定孔庙 科举博物馆

Jia Ding Kong Miao

推荐星级★★★★

嘉定孔庙位于嘉定区嘉定镇南大街，始建于南宋嘉定十二年，有“吴中第一”之称。孔庙建筑规模不大，开始仅有大殿和化成堂。后来又在大殿前黄泮池及石桥门前造“仰高”、“兴贤”、“育才”3座牌坊。门外有汇龙潭、应奎山，庙内有松柏、树木，各种花卉。嘉定孔庙现为中国科举博物馆，共有五个展厅，分别介绍了科举制度产生的历史、科考的整个过程，以及很多状元进士的试卷，还有很多珍贵的历史资料、画卷、书籍试卷等。

小贴士 TIP

- 上海嘉定区嘉定镇南大街183号
- 乘旅游六号A线在嘉定镇南大街下车
- 021-59530379

汇龙潭 上海的古园林之一

Hui Long Tan 推荐星级★★★★★

汇龙潭位于嘉定区塔城路299号，建于1588年。应奎山坐落潭中，绿水怀抱，宛如一颗明珠，自古有五龙抢珠之称，汇龙潭因此而得名。园内格局分为南北两部分，南部是应奎山和汇龙潭组成的自然山水风景。登上应奎山的四宜亭，俯视四周，魁星阁、玉虹桥、碧荷池、打唱台等尽收眼底。北部景点有碎玉泉 、夕照亭、芭蕉小院、玉莲池等，错落有致、非常精巧。此外，园内还有怡安堂、缀华堂、万佛宝塔和畅观楼、九曲桥、嘉乐亭等。汇龙潭现已成为上海的五大古园林之一。

小贴士 TIP

- 上海嘉定区塔城路299号
- 乘坐北嘉线、沪钱专线到嘉定客运中心站下车
- 021-59529604
- 门票 5元
- 开放时间 8:00～17:00

秋霞浦 风格独特的明代园林

Qiu Xia Pu 推荐星级★★★★

秋霞浦位于嘉定区嘉定镇东大街，始建于1506年，是一座具有独特风格的明代园林，是上海五大古典园林之一。园内有松风岭、鸟语堤、寒香室、数雨斋、桃花潭、洒雪廊等美景。园内还有清水池塘，石山环绕，古木参天，造园艺术独特。秋霞浦分为桃花潭、凝霞阁、清镜堂、邑庙四个景区。园林内的小桥连接曲径北岸，横跨幽泉清溪。如此灵巧古老的园林桥全国罕见，在上海堪称一绝，很值得到此观看。

小贴士 TIP

- 上海嘉定区嘉定镇东大街
- 乘坐11路在塔城路站下车

吴兴寺 | 古老的庙宇

Wu Xing Si

推荐星级★★★★

吴兴寺位于嘉定区外冈镇，始建于南朝梁天监十年（511年）。初建时占地10余亩，分东西两院，东院为崇福，西院为永德。正中有大雄宝殿、大悲阁、文昌阁等建筑100余间。寺内一年四季香火不绝。解放后吴兴寺曾被用作剧场、农机站，“文化大革命”中大雄宝殿、大悲阁等全部被拆除。吴兴寺的重建为广大观光游客增加了一处游览胜地。

小贴士 TIP

- 上海嘉定区沪宜公路5428号
- 旅游6号线、A线到沪宜公路站下车
- 021-59588823　门票 2元
- 开放时间 7:00～16:30

浏河岛 | 度假休闲的不二选地

Liu He Dao

推荐星级★★★★★

浏河岛位于嘉定区唐行镇，西濒太湖、东临长江口，面积108公顷。岛上有果园、大量的树木、小型高尔夫球场、芦荡垂钓、乡村农舍、少年儿童活动营地等游乐场所及别墅洋房等，岛上气候宜人，空气清新，风景秀丽，花果飘香，具有南国的非凡气息，是休闲娱乐、度假放松的好地方。

小贴士 TIP

- 上海嘉定区唐行镇
- 嘉定客运中心乘嘉唐华支线在浏河岛下
- 021-63260845
- 门票 免费
- 开放时间 全天开放（周一至周五）

宝山区

Baoshanqu

宝山区是上海市辖区，位于上海市北部，是重要的钢铁生产基地、港口集装箱生产和出口基地以及能源、水源、副食品生产、供应基地，同时也是与闵行同为城市化发展较快的郊区之一。

友谊公园 | 内容丰富的公园

You Yi Gong Yuan

推荐星级★★★

友谊公园位于宝山区密山路80号，建于1990年。公园内部的主要景点有美丽的人工湖，造形独特的蘑菇亭、独柱亭、喷泉，其中膜结构凉亭是本市区属公园所独有的。园内的布局也非常有特色，草坪宽阔，还有丰富的植被，自然的曲径，碧波小溪，茶室品茗，环境十分优雅，很适合散步游玩。

小贴士 TIP

- 上海宝山区密山路80号
- 乘坐769路在友谊路克山路下车

吴淞口炮台湾湿地公园 | 综合型公园

Wu Song Kou Pao Tai Wan Shi Di Gong Yuan

推荐星级★★★★

吴淞口炮台湾湿地公园位于宝山区塘后路206号，这里保留了长江滩涂地的原生态风貌，并利用地方文脉、军事文化渊源及一系列休闲活动设施，成为上海的一道亮丽风景线。公园内有七大特色景点，其中最具特色的资源之一就是长江与黄浦江两江交汇处的滨江湿地，被誉为“公园的精髓”。湿地上生长及生活了丰富多样的水生植物和滩涂小动物，有许多候鸟过往停留，构成了一幅生动美丽的图画。这里有大面积的乔木，层次丰富、色彩缤纷，配以绚丽的野花和曼妙的水生植物，形成空间灵动的滨江植被景观，还有美丽的瀑布，环境幽静舒适，是休息娱乐的好场所。

小贴士 TIP

- 上海宝山区塘后路206号
- 乘坐952路在海江路下车
- 021-56579007
- 人均消费 5元

永清公园 | 最满意公园之一

Yong Qing Gong Yuan

推荐星级★★★★★

永清公园位于宝山区双城路234号，建于1996年，总面积3万平方米。园内布局精巧，以自然为主，配以精美的大草坪、收放式的自然水域、小树林及朴实的江南传统建筑，再加上清澈的湖水，竹径通幽，亭台楼阁，茶室芭蕉，显得很有诗意。永清公园也被上海市民评为“最满意的公园”。

小贴士 TIP

- 上海宝山区双城路234号
- 乘坐952路，在永清路双城路站下车
- 021-56172370

临江公园 | 宝山的标志性公园

Lin Jiang Gong Yuan

推荐星级★★★★

临江公园位于友谊路1号，园林精巧精致、布局合理，迷人的江海景观、丰富的人文底蕴、厚重的历史都在此积淀，使其成为宝山的标志性公园。它由展览、园林、办公三大区域组成。纪念馆的主体建筑是用钢材、岩石和玻璃建造的很有艺术气息的纪念塔。另外，展厅内陈列有《抗日战争与上海》、《血沃淞沪——淞沪抗战史实撷英》、《上海郊县抗日武装斗争图片展》、《抗战文化系列——张明曹抗战美术作品展》等文史资料。公园内参天大树、如茵绿草、浩淼长江有机地融合在一起，环境清幽宁静。

小贴士 TIP

- 上海宝山区友谊路1号
- 乘坐116、711、813路在友谊路站下车即可

安信广场 | 宝山的南京路

An Xin Guang Chang

推荐星级★★★★

安信广场位于宝山区牡丹江路1211号，是一个具备办公楼、商铺、休闲娱乐空间的综合商业广场，有"宝山的南京路"的美誉。这里有名品名店的商业步行街、中国式的庭院、亭台楼阁、花园广场、溜冰场、电子游乐中心、图书馆、美容中心等。目前已有易买得、屈臣氏、adidas、ONLY、NIKE、一茶一坐、老凤祥等品牌入驻。

小贴士 TIP

- 上海宝山区牡丹江路1211号
- 乘坐116、849路在牡丹江路双城路站下车
- 021—66595555

黄金广场 | 标志型百货商场

Huang Jin Guang Chang

推荐星级★★★★★

黄金广场位于宝山区牡丹江路1688号，面积12500m²，是一个集中以零售、餐饮、娱乐为一体的大型综合性商业广场。商场内部还有很多国际性知名品牌，还售卖化妆品、服饰、生活用品等，是老百姓心中的标志性的百货商场。

小贴士 TIP

- 上海宝山区牡丹江路1688号
- 乘坐111、102、108、107、112路下车即可到达

北翼商业街 | 上海特色商业街

Bei Yi Shang Ye Jie

推荐星级★★★★

北翼商业街位于宝山区友谊支路70号，是上海的商业特色街。这里云集了众多品牌，并且售卖的商品还非常有特色，被授予“上海商业特色街”称号，是游客们休闲、娱乐、购物的新型场所，周围还有众多很有特色的餐饮店。

小贴士 TIP

- 上海宝山区友谊支路82号
- 乘坐116、849、轻轨三号线在宝杨路站下车
- 营业时间 9:00～20:00

宝钢商厦 | 综合型商业大厦

Bao Gang Shang Sha

推荐星级★★★★

宝钢商厦位于宝山区友谊路160号，是综合型商务大厦。内部环境优雅，装饰舒适豪华，设有餐厅、棋牌室等，在娱乐的同时还可以放松身心。这里也是商业会谈的好场所。

小贴士 TIP

- 上海宝山区友谊路160号
- 乘坐952、848、849、728、769、711、116、160路到牡丹江路友谊路下车即可
- 021-56789777

浦东新区

Pudongxinqu

浦东新区是上海的一个副省级市辖区，范围包括黄浦江以东到长江口之间巨大的三角形区域，地处中国沿海开放地带的中点和长江入海口的交汇处，被誉为“上海现代化建设的缩影”、“中国改革开放的象征”。

世博园 世界文化和建筑业的聚集地

Shi Bo Yuan

推荐星级★★★★★

上海世博园区位于南浦大桥与卢浦大桥之间及卢浦大桥以西区域，沿黄浦江两岸南北分布。这集中布置了中国馆、除东南亚外的亚洲国家馆、主题馆、大洋洲国家馆、国际组织馆、公共活动中心以及演艺中心等建筑和浦东卢浦大桥以西的后滩地区，规划布置欧洲、美洲、非洲国家馆和国际组织馆，还有大型的游乐场所和众多有特色的建筑及企业馆，另外还设置了购物、娱乐、餐厅等场所。

小贴士 TIP

- 上海黄浦江两岸
- 地铁7号线在耀华站路下；乘坐955、584路到东昌路站下车即可
- 开放时间 9:00～24:00

世纪大道 中国第一条景观大道

Shi Ji Da Dao

推荐星级★★★★★

世纪大道西起东方明珠电视塔，东至浦东世纪公园，被誉为“东方的香榭丽舍大街”，同时也是中国第一条景观大道，大道不对称是其最大的特色，人行道辟出国华植物园，植物园中有樱桃园、柳园、玉兰园等，各具特色，除此之外，还有很多国内很珍贵的植物。目前这条大道上已建有“世纪辰光”、“东方之光”等雕塑，非常壮观。

小贴士 TIP

- 上海浦东新区世纪大道
- 乘隧道三线、584路在东昌路站下车即可

陆家嘴中心绿地 上海规模最大的开放式草坪

Lu Jia Zui Zhong Xin Lv Di

推荐星级★★★★

陆家嘴中心绿地位于延安东路隧道出口处，是上海规模最大的开放式草坪。周围环境幽雅，绿地进口是以“春”为主题的塑像，由8朵绽放的钢结构“鲜花”组成。湖畔的景观蓬主桅杆高28m，蓬形为白色的海螺，又像船帆，给人无限遐思。

小贴士 TIP

- 上海浦东新区延安东路隧道东出口
- 乘地铁2号线到陆家嘴站下；乘坐783、584、574路在东昌路站下车即可
- 门票 88元

世纪公园

上海最大的城市公园

Shi Ji Gong Yuan

推荐星级★★★★★

世纪公园位于浦东新区花木地区，是上海最大的生态型城市公园，享有“假日之园”的美称。公园内有大面积的草坪、森林、湖泊，建有乡土田园区、湖滨区、疏林草坪区、鸟类保护区、异国园区和迷你高尔夫球场等7个景区，以及世纪花钟、镜天湖、高柱喷泉、南国风情、东方虹珠盆景园、绿色世界浮雕、音乐喷泉、音乐广场、缘池、鸟岛、奥尔梅加头像和蒙特利尔园等45个景点。除此之外，园内还设有儿童乐园、休闲自行车、观光车、游船、绿色迷宫、垂钓区、鸽类游憩区等多个旅游项目，周围还有展厅、蒙特利尔咖啡吧、佳盅苑、世纪餐厅等，是假日休闲娱乐的好去处。

小贴士 TIP

- 上海浦东新区锦绣路1001号
- 乘坐640路、794路在花木一路站下车；乘地铁2号线在世纪公园站下，从1号或者2号口出
- 开放时间 7:00～18:00
- 门票 10元

滨江大道

独有情趣的大道

Bin Jiang Da Dao

推荐星级★★★★

滨江大道是由亲水平台、坡地绿化、半地下厢及景观道路等组成，并且还采用了多层次化的手法设计了喷池、绿地、花坛、塑像等，错落有致，别有一番情趣。站在亲水平台上还可眺望外滩建筑夜景，浦东现代化的建筑大楼也尽收眼底。

小贴士 TIP

- 上海浦东新区东昌路和浦东南路间临江
- 乘地铁2号线在东昌路站下；乘外滩的东金线轮渡和十六铺的东东线轮渡都即可到达

滨江森林公园

森林覆盖率最高的公园

Bin Jiang Sen Lin Gong Yuan

推荐星级★★★★★

滨江森林公园位于浦东新区高桥镇高沙滩，建成于20世纪50年代，隔黄浦江与炮台山相对，隔长江与横沙生态岛、崇明东滩鸟类保护区、九段沙湿地保护区相望，是上海森林覆盖率最高的郊野森林公园。公园设湿地植物观赏园、生态林保护区、滨江岸线观景区、蔷薇园、木兰园、杜鹃园、果园区等多个自然景点，还安排了游览观光车、电动游船、水上步行球、休闲自行车、电动碰碰船等游乐项目，为市民和游客提供了自然风光、湿地景观、休闲娱乐、科普教育和园林空间的自由开畅的城市郊野森林公园。这里保留了原生态的乡土植物和动物的栖息地，适合游客享受休闲的乐趣。

小贴士 TIP

- 上海浦东新区高桥镇凌桥高沙滩3号
- 乘81、181、453、640路到港城路地铁站下车，换外高桥1路、611到滨江森林公园下车
- 021-58644791

舟山渔场

全国最大的渔场

Zhou Shan Yu Chang

推荐星级★★★★

这里有全国最大的渔场之一，也是渔民的传统作业区域，主要以大黄鱼、小黄鱼、带鱼和墨鱼4大鱼类为主。除此之外，这里还是众多经济鱼虾类产卵、索饵的场所，中国沿海地区冬季群众渔业规模最大、产量最多的带鱼渔场，是底拖网作业的良好区域，也是全国最著名的渔场。

小贴士 TIP

- 上海浦东新区

东方明珠游船码头

别具一格的风景线

Dong Fang Ming Zhu You Chuan Ma Tou

推荐星级★★★★★

东方明珠游船码头位于东方明珠塔前陆家嘴滨江花园内，与浦江外滩的万国建筑群隔江相望。

游船码头的造型很有特色，犹如一只凌波汲水、展翅欲飞的巨大海鸥，清新自然且富有时代气息。这里集观光、旅游、娱乐餐饮等多种功能于一身，有地下一层，地上三层，可同时容纳1500名宾客就餐，设有宴会厅、多功能厅和观景包房，将黄浦江两岸每一道风景线尽收眼底。

小贴士 TIP

- 上海浦东新区滨江大道2852号
- 乘地铁2号线在陆家嘴站下；乘坐85、82、81路在陆家嘴站下车即可

东方明珠广播电视塔

亚洲第二高塔

Dong Fang Ming Zhu Guang Bo Dian Shi Ta

推荐星级★★★★★

东方明珠广播电视塔位于浦东新区陆家嘴，毗邻黄浦江，与外滩隔江相望，于1994年建成，高467.9m，是亚洲第二、世界第四高塔，是上海的地标之一。东方明珠广播电视塔由三根直径为9m的擎天立柱、太空舱、上球体、下球体、五个小球、塔座和广场组成。塔共有15个观光层，每个观光层观赏景物的距离都不一样。站在主观光层远眺，外滩的美景尽收眼底。另外，塔内还设有展览厅、餐饮和购物等，在游客欣赏参观之余还可以品尝美味佳肴。

小贴士 TIP

- 上海浦东新区世纪大道1号
- 021-58791888
- 乘地铁2号线在陆家嘴站下；
  乘坐81、82、85、870、872路在陆家嘴站下车即可

浦东新区图书馆 | 大型综合型公共图书馆

Pu Dong Xin Qu Tu Shu Guan　　推荐星级★★★★★

浦东新区图书馆位于浦东新区浦东前程路88号，东毗上海信息城，南邻世纪公园，西依上海科技城，北靠浦东新区办公中心。建筑面积9300m²，馆内藏书75万册，其中有2100种中文报纸、期刊，100余种外文报纸、期刊，8万余册图书，还有专门的数据库和光盘图文储存系统，查阅资料非常方便。除此之外，还有数字化阅览室、多媒体视听室、浦东文献室和研究室等。本馆承载着对浦东文献信息的收集、整理和储存等任务。

小贴士 TIP

- 上海浦东新区浦东前程路88号
- 乘地铁2号线和7号线在锦绣路站下车；乘坐794、640、983路下车即可
- 开放时间 9:00～20:00（节假日照常开放）

滴水湖（洋山港） | 目前国内最大的人工湖

Di Shui Hu　　推荐星级★★★★★

滴水湖位于浦东新区临港新城，是国内最大的人工湖。湖呈圆形，总面积为5.56km²。滴水湖作为港城的中心是其中的亮点，也是一个不错的旅游景点，现已呈现碧波万顷的动人景象，环境非常舒适。滴水湖沿线景观有公园和游乐设施，在海滩上还有凉亭和野餐区，水上有露天剧场和舞台，岛上有休闲会所和健身俱乐部，登上洋山还可以看见现代化的东方大港。

小贴士 TIP

- 上海浦东新区临港新城
- 乘坐龙港快线、三港专线、龙芦专线、芦杜专线、龙临专线、洋山专线都可到达

川沙公园 | 江南古典式园林

Chuan Sha Gong Yuan　　推荐星级★★★★

川沙公园位于浦东新区川沙城南路，是一座江南古典式园林。园内有三座大楼，八大景区，三十多个景点，是浦东重要的人文景点之一。三大楼是鹤鸣楼、德园楼、园外楼。其中，鹤鸣楼是川沙公园主景，有楼厅和柱子80根，每根都10余米高，楼高54m，共有5个塔，外形都是瓦檐翘角，并且垂吊着60个金钟，颇有风吹鹤鸣有声之感。金黄色的琉璃瓦，精美的画廊，柱子上雕刻着精美的图案，环境非常幽雅，风光旖旎，有美丽的朝霞和夕阳，还设有很多有特色的餐厅，周围也有舒适的客房，是个休闲度假的好地方。

小贴士 TIP

- 上海浦东新区川沙城南路411号
- 021-58982285
- 乘坐103、121路在川沙公园站下车；乘地铁2号线在川沙公园站下；
- 开放时间 5:00～19:00

外滩观光隧道 | 中国第一条越江人行观光隧道

Wai Tan Guan Guang Sui Dao　推荐星级★★★★★

外滩观光隧道位于浦西南京东路外滩与浦东陆家嘴东方明珠之间，是中国第一条越江行人隧道，全长646.70m。隧道的两岸出入口有自动扶梯，隧道内采用20世纪90年代国际先进的全自动、无人驾驶、牵引式封闭车厢输送游客，箱体美观、舒适、轻盈，透明度高，速度极快。同时，还在隧道内演示反映人物、历史、文化、科技、风景等的各种图案、景象及背景音乐，使过江过程带有极强的趣味性、娱乐性和刺激性，给游客留下美好记忆。目前新增了很多旅游项目，如“音幻世界”、“深海珍奇展”等。

小贴士 TIP

- 上海黄浦区外滩中山东一路300号
- 交通：乘地铁2号线在中山东一路下；乘坐82、85、583、872、65、55、21、37路在中山东一路站下车即可
- 021-58783233
- 营业时间 9:00～21:30

金茂大厦 | 观光厅欣赏外滩景色最佳的地方

Jin Mao Da Sha　推荐星级★★★★★

金茂大厦位于陆家嘴金融贸易区，是上海地标性建筑。大厦内部拥有一流的办公区、全国最豪华的酒店和高档的购物区及展览中心。大厦的建筑风格呈现传统式的宝塔状，最有特色的是大厦的88楼观光厅，高340m，曾是国内最高、最大的观光厅并荣获上海大世界基尼斯之最，内部还有垂直升降电梯，站在观光厅内外滩的美景尽收眼底。

小贴士 TIP

- 上海浦东新区世纪大道88号
- 乘地铁2号线在陆家嘴站下；乘坐584、783、574路在东昌路站下车即可
- 021-50475101
- 门票 88元（88楼观光厅）

上海环球金融中心 | 拥有世界上最高的观景台

Shang Hai Huan Qiu Jin Rong Zhong Xin　推荐星级★★★★★

上海环球金融中心位于中国上海陆家嘴的一栋摩天大楼，是目前中国第二高楼、世界第三高楼、世界最高的平顶式大楼，楼高492m，地上101层。最有特色的是不同层次有不同的观光厅，如94F为观光大厅，高423m，除了可以一览新旧上海风貌外，还能以美丽的浦江两岸为背景举办各种展会和活动，带给游客完全不同的视听感受和前所未有的身心震撼；97F为观光天桥，高439m，犹如一道浮在空中的天桥，身处其中，仿佛漫步天际，开放式的玻璃顶棚设计令人在仰望天际的同时，尽情呼吸最清新的空气，蓝天白云触手可及，人与自然在这里溶为一体；100F为观光天阁，是一条长约55m的悬空观光长廊，为目前世界上最高的观光设施，内设三条透明玻璃地板，走在上面还能体验一回“会当凌绝顶，一览众山小”的豪情快意。

小贴士 TIP

- 上海浦东新区世纪大道100号
- 乘地铁2号线在陆家嘴站下车；乘坐574、584路在东昌路站下车即可
- 门票 100元

中国航海博物馆

规模最大的综合型航海博物馆

Zhong Guo Hang Hai Bo Wu Guan

推荐星级★★★★★

中国航海博物馆位于上海浦东临港新城，占地面积24830m²，2010年全面建成开放。这是中国目前规模最大、等级最高的综合性航海博物馆。馆内展区的第一层设置了航海历史馆、船舶馆、海员馆，以及渔船与捕鱼专题展区；第二层设置了航海与港口馆、海事与海上安全馆、军事航海馆，以及航海体育与休闲专题展区。博物馆还建有天象馆、4D影院和儿童活动中心。

小贴士 TIP

上海浦东新区临港新城申港大道197号

乘坐三港专线、机场八线到中国航海博物馆站下

新场古镇

曾为浦东第一大镇

Xin Chang Gu Zhen

推荐星级★★★★★

新场古镇位于沪南公路南汇段的中间，是当时盐民用海水晒盐的场所，也是当时浦东平原上的第一大镇。以前镇内有众多歌楼酒肆，商贾云集，有“新场古镇赛苏州”之誉。这里是一个很有文化气息的江南水乡古镇，如新场古镇上穿镇而过的狭窄河道，雕刻精致的一座座石拱桥，民居傍水而生，高垒的石驳岸，沿河一座座马鞍形的水桥，这与周庄、朱家角等地的小镇非常相似。这里的风情也很美，电影《色戒》就在此取景，很值得去这里感受下古镇的生活风貌。

小贴士 TIP

上海浦东新区新场镇

乘坐沪南线、龙大线、芦杜线、628路、龙平芦线、塘南线在新场古镇站下车

东方艺术中心

上海标志性文化建筑之一

Dong Fang Yi Shu Zhong Xin

推荐星级★★★★★

东方艺术中心位于浦东新区丁香路425号，是上海的标志性文化建筑之一。建筑的外形非常独特，宛若一朵美丽的蝴蝶兰，由法国著名建筑师保罗安德鲁设计，总建筑面积近四万平方米。馆内拥有最先进的舞台、音响、灯光设备，可以满足交响乐、芭蕾、音乐剧、歌剧、戏剧等的需要。从高处俯瞰，东方艺术中心五个半球体依次为正厅入口、演奏厅、音乐厅、展览厅、歌剧厅。

小贴士 TIP

上海浦东新区丁香路425号

021-68541234

乘地铁2号线在上海科技馆站下；乘坐983、972路在芳甸路站下车即可

世纪广场 | 上海最大的露天广场

Shi Ji Guang Chang

推荐星级★★★★★

世纪广场位于世纪大道南道，是上海最大的露天广场，也是唯一一个以时间为主题的雕塑景观广场，整个广场的格局呈对称式分布，背依世纪公园，东临科技城，西傍新区行政中心，如一颗明珠镶嵌在世纪大道的末端，深邃凝重，流畅秀美，透着勃勃生机和时代气息。广场入口是以日晷为原形设计的大型景观雕塑“东方之光”。

小贴士 TIP

- 上海浦东新区浦东南路世纪大道2100号
- 乘地铁2号线在世纪公园站下；乘坐108、107、106、 102、 113路在世纪公园站下车即可
- 021-68540056

上海国际会议中心 | 外观别致的标志性建筑

Shang Hai Guo Ji Hui Yi Zhong Xin

推荐星级★★★★

上海国际会议中心位于浦东滨江大道，毗邻东方明珠、金茂大厦，与著名的外滩建筑群隔江相望，成为陆家嘴地区的一道著名景观。会议中心的外观是由两只巨大的球体和乳白色的外墙轻轻托起的，外墙还采用了微晶银幕墙、花岗石幕墙、金属铝板幕墙、破璃幕墙等外墙材料，显得凝重、高雅。

小贴士 TIP

- 上海浦东新区滨江大道2727号
- 021-50370000
- 乘地铁2号线在陆家嘴站下；乘坐783、584路在东方医院站下车即可
- 门票 50元

洋山深水港 | 假日休闲度假的好去处

Yang Shan Shen Shui Gang

推荐星级★★★★★

深水港码头有3个景区，分别是石龙、小岩礁和大指头。其中，石龙因山上一块龙形的石头得名，半小时左右即可登上顶部的观景平台俯瞰港口和整个东海，美景尽收眼底，十分壮观。返回途中还可以欣赏到美丽的滴水湖和壮观的东海大桥。

小贴士 TIP

- 上海浦东新区南汇芦潮港东南崎岖列岛海区
- 乘龙港快线到深水港商务广场，换乘洋山专线到洋山深水港站下
- 021-68286166

正大广场 | 浦东最热门的时尚休闲胜地

Zheng Da Guang Chang

推荐星级★★★★★

正大广场位于黄浦江畔，紧邻东方明珠电视塔、国际会议中心、金茂大厦，是上海新兴的旅游购物中心。正大广场内部汇集了中外品牌，设有主题百货、美食、儿童娱乐中心，多媒体影院等设施，称得上是浦东新区最热门、最时尚的休闲购物胜地。

小贴士 TIP

- 上海浦东新区陆家嘴西路168号
- 乘地铁2号线到陆家嘴站下；乘坐123、71、940路到延安东路外滩站下车即可

陆家嘴 | 上海主要金融区之一

Lu Jia Zui

推荐星级★★★★★

陆家嘴位于浦东新区的黄浦江畔，面对外滩。这里是金融机构的聚集地，也是很多外资银行的总部所在地，高楼大厦林立，繁华到了极致。不仅如此，很多有特色的银行也在此林立，如汇丰银行、花旗银行、渣打银行、东亚银行等。

小贴士 TIP

- 上海浦东新区
- 乘地铁2号线在陆家嘴站下；乘坐583、 870路在陆家嘴站下车即可

上海海洋水族馆 | 世界上最大的人造海水水族馆之一

Shang Hai Hai Yang Shui Zu Guan

推荐星级★★★★★

上海海洋水族馆位于浦东陆家嘴金融区，紧邻东方明珠电视塔。它是上海最大、最具吸引力，以展示水世界物、生态为主题的旅游景点，也是世界最大的人造海水水族馆之一。

- 上海浦东新区陆家嘴环路1388号
- 乘地铁2号线在陆家嘴站下；乘坐81、82、870、85、583、971路在陆家嘴站下车即可
- 开放时间 9:00～21:00（假日照常）
- 门票 110（成人）；70元（小孩0.8～1.4m）；65元（老人）；65元（军人）

上海科技馆 集科普教育与娱乐休闲于一体

Shang Hai Ke Ji Guan 推荐星级★★★★

上海科技馆位于浦东新区世纪大道2000号，占地面积6.8万平方米。馆内设有地壳探秘、生物万象、智慧之光、视听乐园、设计师摇篮、儿童科技园、自然博物七个展区，还有立体巨幕、球幕、4D三个影院。除此之外，还设有会馆、旅游纪念品商场、临展馆、多功能厅、银行等，是上海重要的科普教育与休闲旅游基地。

小贴士 TIP

- 上海浦东新区世纪大道2000号
- 乘地铁2号线在上海科技馆站下；乘坐640、794、983、638、815路和隧道三线在上海科技馆站下车即可

上海野生动物园 中国第一家国家级野生动物园

Shang Hai Ye Sheng Dong Wu Yuan 推荐星级★★★★★

上海野生动物园位于三灶镇，惠南镇西部，是国内首家国家级野生动物园。园内汇集了世界各地具有代表性的动物二百余种，共一万多只，其中有大熊猫、金丝猴、金毛羚牛等，也有来自国外的长颈鹿、斑马、羚羊、白犀牛猎豹等。

小贴士 TIP

- 上海南汇区三灶镇南六口路178号
- 乘坐旅游二号线、万野线到野生动物园站下车即可
- 021-61180000
- 门票 100元（成人）；50元（1.2m以下的儿童）

周浦小上海步行街 浦东十八镇，周浦第一镇

Zhou Pu Xiao Shang Hai Bu Xing Jie 推荐星级★★★★★

周浦小上海步行街位于浦东新区周浦镇，这里有很多有特色的小吃，且店铺林立，商品琳琅满目，街上还有很多小游戏。这里的建筑也非常有特色，建筑古典雅致，有“浦东十八镇，周浦第一镇”美誉，是休闲旅游的好去处。

小贴士 TIP

- 上海浦东新区周浦镇中大街
- 乘坐624、639、581、975 、974 路到康沈路年家浜路站下车

上海大自然野生昆虫馆 | 国家级昆虫展览馆

Shang Hai Da Zi Ran Ye Sheng Kun Chong Guan 推荐星级★★★★★

上海大自然野生昆虫馆位于东方明珠旁，是国内首家活体昆虫展示馆。馆内有昆虫200余种，还有两栖类、小型的哺乳类等，种类比较齐全，并且这里还可以观赏并触摸到许多活灵活现的昆虫。最有趣的是，参观者还可以亲自动手制作昆虫标本，以此来作为纪念品。

小贴士 TIP

- 上海浦东新区丰和路1号
- 021-58405921
- 乘坐971路在陆家嘴站下车即可
- 门票 成人40元，儿童25元

磁悬浮列车 | 世界上第一条商业化运营的磁悬浮列车

Ci Xuan Fu Lie Che 推荐星级★★★★★

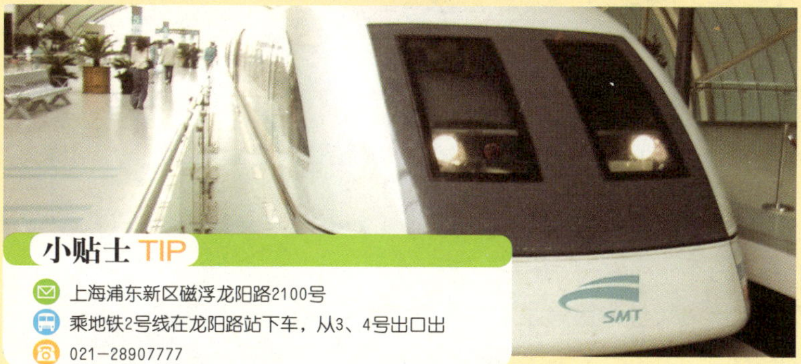

小贴士 TIP

- 上海浦东新区磁浮龙阳路2100号
- 乘地铁2号线在龙阳路站下车，从3、4号出口出
- 021-28907777

磁悬浮列车位于浦东新区启航路，是世界上第一条商业化运营的磁悬浮列车。上海磁悬浮列车示范运营线西起地铁2号线龙阳路站，东至浦东国际机场航站楼，正线全长30km，上下行折返运行，设计时速430km，单向运行时间仅8分钟，共设两个车站、两个牵引变电站、一个控制中心、一个维修中心、一个维修基地，并附有3.5km的进出线路。

张杨路泓叶精菜坊 | 品种丰富的粤菜馆

Zhang Yang Lu Hong Ye Jing Cai Fang 推荐星级★★★★★

张杨路泓叶精菜坊位于浦东新区张杨路，是一家粤菜馆。餐厅内部装饰融合了老上海的浪漫风情，中西合璧又内敛沉着，更显优雅大方。店内菜式丰富，菜品精致，口味地道，且很实惠，适合家庭聚餐、朋友聚会。特色菜肴有熏鱼、虾饺皇、榴莲酥、越式牛柳粒、清蒸鲥鱼。

小贴士 TIP

- 上海浦东新区张杨路3501号
- 乘坐638路到张杨路金桥路站下车
- 021-20233779

奉贤区

Fengxianqu

奉贤区内原齐贤镇，即见贤思齐之意，位于长江三角洲东南端，地处上海市南部，以建筑业、餐饮服务业、服装加工业、电器修理业、交通运输业、文化娱乐等为主体的第三产业发展迅猛。

万佛阁 | 先有万佛阁，后有奉城镇

Wan Fo Ge

推荐星级★★★★★

万佛阁位于奉贤区奉城北街189号，明朝时为防倭寇所建，故当地有“先有万佛阁，后有奉城镇”之说。明代的万佛阁，气度不凡，环垣踞堞，面山枕流，尽胜境之妙，冠于诸刹。后经修缮，佛阁更增添了大殿三楹，东西禅室各二楹，后有地藏殿，前有弥勒殿，金碧辉煌，蔚为壮观。不幸的是，于文化大革命期间被毁，1989年重建。如今的万佛阁由万佛楼、钟楼与鼓楼组成，阁内装置电梯，形成殿中有殿的格局，庄严气派，佛韵悠长。万佛阁的建筑很有特色，依城傍水，由低渐高，最有特色的是后法堂楼阁建在古城墙上，别具一格。大殿的钳状套式梁木结构镶接缜密，浑然一体，堪称古建筑的一绝，很值得观赏。

小贴士 TIP

上海奉贤区奉城北街189号　乘坐莘绍线和塘洪线在奉城镇站下车即可　021-57526945　门票 5元

海滨观光大道 | 观光散步的绝好地方

Hai Bin Guan Guang Da Dao

推荐星级★★★★★

海滨观光大道位于奉贤海湾旅游区，是新修筑的防洪大道，全长2.3km，现已成为海湾旅游区的观光大道。这里环境清幽宁静，路边的路灯很有特色，在阳光的照耀下，显得更加古朴典雅，还设有休憩的石椅，内侧有宽阔的绿化林带，令人赏心悦目。

小贴士 TIP

上海奉贤区奉贤海湾旅游区

青村世外桃源 | 世外桃源

Qing Cun Shi Wai Tao Yuan

推荐星级★★★★★

青村世外桃源位于近郊奉贤青村镇桃园场航塘公路西侧，这里环境美不胜收，绿树成荫，花草果林环抱着村庄，园内的植被和花草也享有一定的盛誉。每到金秋八月就可以在此品尝柑橘。园内以“古、土、稀、奇”为特点，开辟了漂流竹筏、山坡滑草、放飞风筝、踏青观源、趣味采摘、村野垂钓、老牛拉车、勇敢者道路、绿色迷宫、水上综合拓展、野炊、烧烤、野战CS等10多个旅游项目。

小贴士 TIP

上海近郊奉贤青村镇桃园场航塘公路西侧　021-57565081

乘莘邵线到青村镇站下车，换乘青村一号线在青村镇站下车　开放时间 9:00～17:00

滩浒岛 | 天然氧吧

Tan Hu Dao

推荐星级★★★★★

小贴士 TIP

上海奉贤区奉贤海湾旅游区12海里之外

滩浒岛位于奉贤海湾旅游区12海里外，全岛共由大小岛屿、海礁等15处组成。岛的沿海四周水中饵料丰富，适宜多种鱼类栖息生长，是天然近洋捕捞作业的良好渔场，盛产大白虾、海蜇皮、凤尾鱼、鳗鱼、凤尾鱼等。岛上气候宜人，空气清新，有“天然氧吧”之称。岛周围环境优美，海瀚、礁美、滩佳、石奇、洞幽，气象万千，被誉为“东海明珠”。

碧海金沙水上乐园 | 夏天休闲度假的好去处

Bi Hai Jin Sha Shui Shang Le Yuan

推荐星级★★★★★

碧海金沙水上乐园位于上海奉贤区海湾旅游区，面向杭州湾，西毗上海化学工业区，东接临港开发区。拥有水域面积65万平方米，沙滩面积8万平方米。碧海金沙是目前中国最大的人造沙滩海滨浴场，也是上海唯一一处碧波荡漾的蓝色海域。乐园内设有各类游艺项目：大海畅泳、水上乐园、水上自行车、水上休闲船、怀旧电影、儿童乐园。这里有充沛的阳光、清凉的海水、凉爽的海风、金色的沙滩，绝对是夏天休闲度假的好去处。

小贴士 TIP

上海奉贤区海湾旅游区海鸥路39号

乘坐奉贤大众到南桥汽车站下车，换乘南桥9路在海湾站下车

海湾旅游区 | 休闲旅游的胜地

Hai Wan Lv You Qu

推荐星级★★★★★

海湾旅游区位于奉贤区滨海地带，杭州湾北岸，总面积132km^2。区内有九大景点，分别为海滨观光大道、华亭东石塘、中国上海国际风筝放飞场、贝壳自然保护区、奉贤国防教育基地、海鲜一条街、垂钓中心、海湾泳场、海岛风光。既可以在这里享受旖旎的风光，又可以在此体验各种娱乐活动，依港傍海、江南水乡、田园风光、海岸滩涂、自然野趣，尽情享乐其中。

小贴士 TIP

上海奉贤奉新镇海湾旅游区

乘坐莘海线到海湾旅游区站下车a即可；乘坐梅靶线到奉贤区南桥镇下车后再转乘南靶线到海湾旅游区站下车

申隆生态园 | 近自然状态的森林公园

Shen Long Sheng Tai Yuan

推荐星级★★★★★

申隆生态园位于奉贤区钱桥镇、青村镇、奉城镇的交界处，占地一万多亩，黄金海岸碧海金沙相邻。园内环境清幽宁静，步入园内犹如徜徉大自然，一个个葱绿的小岛好似镶嵌在大地上的绿色翡翠，拱桥、流水、小岛、绿湖，白色路面蜿蜒曲折，绿色岛屿坡回路转，好一个碧水环绕的由诸多小岛组成的近自然状态的森林公园。绿树苍翠，在大道上还有很多银杏树，更加显得原生态。还有众多的景点可供游客游览观赏，如经济果林，有各种水果可供游客采摘；“农家乐”文化一条街，可供烧烤、聚会等，里面有众多的趣味；鸟语岛，可以观赏各种鸟类，还可享受嘤嘤有韵的歌声。除此之外，还有教育培训中心、接待中心、申隆湖垂钓区、银杏大道、八仙种树乌龟岛。

小贴士 TIP

上海近郊奉贤区青村镇钱桥社区朱蒋村沿钱公路5599号

在南桥汽车站乘坐西五线B线到申隆生态园站下车

021-57593275　门票 68元

上海国际风筝放飞场 | 中国第二个国际风筝放飞赛场

Shang Hai Guo Ji Feng Zheng Fang Fei Chang

推荐星级★★★★★

小贴士 TIP

上海奉贤区团结堂8号

乘梅靶线到南桥镇下换乘南靶线到上海国际风筝放飞场站下车

021-57121861

上海国际风筝放飞场位于杭州湾畔的奉贤海湾旅游区，始建于1992年，占地20万平方米，是中国第二个国际风筝放飞竞赛场。场名是由原国家体委主任李梦华亲临勘定并题写的。该场先后举办了3届国际风筝赛、5届全国风筝赛，吸引了来自世界各国及国内众多风筝代表团及游客前来参赛、观摩。场内设有国内外风筝发展史陈列室、风筝制作室等，组建了风筝表演队，常年对外开放，广大风筝爱好者能随意在此放飞属于自己的梦想。

上海前线国防教育基地 | 集教育、训练、娱乐为一体

Shang Hai Qian Xian Guo Fang Jiao Yu Ji Di

推荐星级★★★★★

上海前线国防教育基地位于海湾旅游区国际风筝放飞场内，是上等级别的集教育、训练、娱乐为一体的国防教育中心。主要从事国防科学教育、军事科技展示、军事体育及培训。内部设有若干个展馆，其中有元帅雕塑馆、领导题词馆、军史馆、被装馆、武器馆、重武器展示区、火箭发射场等，很值得参观学习。

小贴士 TIP

上海奉贤区海湾旅游区国际风筝放飞场内

金山区

Jinshanqu

金山区地处杭州湾畔，位于沪、杭、甬及舟山群岛经济区域中心，是上海市的西南门户，拥有丰富的土地资源，中国著名的特大型企业——中国石化上海石油化工股份有限公司和上海化学工业区一部分坐落于此。

大金山 上海最高和最大的基岩岛

Da Jin Shan

推荐星级★★★★★

大金山位于杭州湾口北部，距大陆金山嘴6.2km。岛的平面呈菱形，中部宽阔，西部狭窄，主峰高103.4m，是上海市最高、最大的基岩岛。岛上的岩石呈酸性以石英斑岩，夹杂流纹岩、火山角砾岩、英安岩为主。岛上形成了海蚀崖、海蚀平台和海蚀柱等地貌形态，很壮观。岛上还有砾石滩。除此之外，还有两处水井，水呈酸性。周围分布着很多的细沙、粉砂，黏土初露。岛上植被茂盛，落叶阔叶林有日本野桐、黄檀、算盘子群落；常绿阔叶林有红楠群落和青冈砾群落。此外，有竹林，类型有箬竹群落等；还有灌木、草本植物和蕨类植物。岛上还养殖猕猴。

小贴士 TIP

- 上海金山区杭州湾口北部
- 乘坐卫梅线、沪石线在杭州湾口站下

长兴岛桔园 柑橘之乡

Chang Xing Dao Ju Yuan

推荐星级★★★★★

长兴岛桔园位于宝山区长兴岛，全岛面积76.32km²，被誉为绿色翡翠，镶嵌在万里长江的入海口。长兴岛是有名的“柑橘之乡”，游客在这里可以享受芦荡泛舟、橘园赏橘和采橘的独特乐趣，还能在滩涂上拾贝壳、寻螃蟹，或去江边欣赏“落霞与孤鹜齐飞，秋水共长天一色”的绝妙美景。这里还有垂珠园，园内有一个很大的果园，果子大多为柑橘，是秋季赏橘、采橘的绝好去处。长兴岛桔园是上海最大的“绿色商品”生产基地，也是假日野外旅游的首选地。

小贴士 TIP

- 上海金山区长兴岛前卫农场
- 乘坐51路、116路到吴淞路码头乘轮渡即可到达
- 021-56021565
- 开放时间 8：30～17：00
- 门票 50元

流浮山 探险爬山的好去处

Liu Fu Shan

推荐星级★★★★★

流浮山位于杭州湾口北部，大金山岛南630m的海面上。岛的外廓呈椭圆状，山体浑圆无峰，整个山体形态似乌龟，俗称“乌龟山”。全岛长约290m，主峰高30.8m。浮山岛是由中酸性火山岩和红色碎屑岩组成的基岩岛，主要岩石有：石英斑岩、火山角砾岩和英安岩等。岛上无乔木和灌木，仅在岩缝中生长刺槐杂草，还有少量蕨类、苔藓、地衣等低等植物，该岛也是“金山三岛海洋生态自然保护区”的一部分。岛上无水源，也无人定居，是探险爬山的好去处。

小贴士 TIP

- 上海金山区位于杭州湾口北部
- 乘坐911路在淮海西路左家宅站下车

朱泾东林寺 | 上海寺院中最大的佛建筑

Zhu Jing Dong Lin Si

推荐星级★★★★★

朱泾东林寺位于金山区，又名华严寺，已有近七百年的历史，是上海较早的佛教寺庙。寺庙主轴线上建有观音殿、大雄宝殿、藏经楼(法堂)和华严塔,还有偏殿和生活用房等建筑。最有特色的是藏经楼，其为两层建筑，底层为法堂，二楼为藏经楼。柱、梁、椽全部是钢筋混凝土仿木结构，几何尺寸、形状很独特。楼内梁和顶上的龙凤、仙鹤、花草彩色绘画，颜色鲜艳，栩栩如生，是江南难得一见的仿古建，很值得到此参观欣赏。

小贴士 TIP

- 上海金山区亭林镇松隐华严塔路58号
- 乘坐朱卫专线、沪金线、金漕线、莲金专线、塘卫线、南金线在华严塔路站下车
- 021—56021565

隐禅寺 | 上海较早的佛教寺庙

Yin Chan Si

推荐星级★★★★★

寺院内仅存一座大殿。大殿的建筑是清代的建筑风格，外形非常独特，重檐歇山式屋顶，小青瓦一字脊，垂脊与角脊处置兽吻。抬梁式构架，榫卯组合，砖木结构，外貌雄伟庄严。经修建后，更是壮观。如今东林寺是一座耀眼的山体奇观：佛是一座山，山卧一座佛。寺内的12大亮点更是集合了佛教界和建筑界的精粹。其中最具代表的是中国佛教第一铜“千佛门”，目前是亚洲最高、容纳信众最多的“观音阁”，稀世镇寺之宝“圆通宝殿”、“五佛冠”等。寺院内整天香火鼎盛。

小贴士 TIP

- 上海金山区金山东林街150号
- 乘坐莘金线在朱泾汽车站下车
- 021—57381384

金山农民画院 | 民间文化艺术的传承

Jin Shan Nong Min Hua Yuan

推荐星级★★★★★

金山农民画院位于金山区朱泾镇健康路300号，这里是民间艺术文化的传承地。里面主要从事剪纸、刺绣、灶壁画等古老艺术，并把这些具有特色的艺术巧妙地运用到绘画创作中，并加入一些自己的想象，创作成一幅幅美丽的图画。

小贴士 TIP

- 上海金山区朱泾镇健康路300号
- 乘坐松新枫线、莲枫专线、青枫线在步石塘站下车
- 021—57321363

华严塔 | 浦南现存唯一的古塔

Hua Yan Ta

推荐星级★★★★★

华严塔位于金山区松隐镇松隐禅寺内，建成于1380年，是浦南现存唯一的古塔。塔的外形为方形，共7层，砖木结构，唐代建筑风格，高32m。塔顶藏有德然和尚刺血书写的华严经81卷。登上宝塔俯瞰，江南乡间美景尽收眼底。但因塔的年代久远，各层腰檐、平座等木结构已朽损殆尽，故现在不能登塔了。

小贴士 TIP

- 上海金山区亭林镇松隐华严塔路58号
- 乘坐莲金专线、塘卫线、南金线在华严塔路站下车

戚家墩古文化遗址 | 很具有古文化参考价值

Qi Jia Dun Gu Wen Hua Yi Zhi

推荐星级★★★★★

戚家墩古文化遗址位于金山区山阳镇戚家墩村，分布在杭州湾金山县戚家墩村防汛海塘内外两侧。遗址最初发现于1935年，遗址上层属西汉时期文化，下层则是以几何印纹硬陶和釉陶为特征的春秋战国文化，共发掘4座灰坑、两口古井、8座墓葬。其中有陶器与釉陶，各种形状的器物有鼎、鬲、釜、碗、杯、盘、坛、罐、盆、钵等器皿，还有西汉的铜镜、五铢钱、铁器、漆器、石器等。

小贴士 TIP

- 上海金山区山阳镇戚家墩村
- 乘坐卫梅线、石漕线、莲山专线、莲石专线到山阳站下车
- 021—54958100

金山博物馆 | 金山地区综合型博物馆

Jin Shan Bo Wu Guan

推荐星级★★★★★

金山博物馆位于金山区罗星路200号，是金山地区综合型博物馆，主要收集、收藏和保管金山历史文物、革命文物。整个建筑是钢筋混泥土结构，由一座八边形文物展厅及一幢三层楼房组成。内部设有报告厅、文物库房，分别展览马家浜文化、良渚文化、马桥文化、吴越文化等不同时期的典型文物。

小贴士 TIP

- 上海金山区罗星路200号
- 乘坐朱泾1路下行在金山博物馆站下车
- 021-57317092
- 开放时间 8:30～16:30　门票 4元

崇明县

Chongmingxian

崇明县现隶属上海市，位于长江入海口，全县地势平坦，由崇明、长兴、横沙三岛组成，其中崇明岛是世界上最大的河口冲积岛，也是大中华区第三大岛。

东平国家森林公园 | 华东最大的平原人工森林公园

Dong Ping Guo Jia Sen Lin Gong Yuan

推荐星级★★★★★

东平国家森林公园位于崇明岛的中北部，总面积5400亩，是目前华东最大的平原人工森林公园，也是上海著名的旅游胜地。园内森林繁茂，湖水澄碧，百鸟鸣唱，野趣浓郁，主要以“幽、静、秀、野”为特色，是人们回归大自然的最佳胜地。园内有水上游乐园游乐设施，还有崇明特色风味菜肴的森林酒家、野外帐篷、森林吊床、2万平方米的沙滩游泳场、青少年野营基地等。除此之外，还有很多有特色的项目，如森林滑草、攀岩、森林高尔夫练球场、网球场、沙滩排球场、森林滑索、彩弹射击、天旋地转、森林骑马、快乐林卡丁车、野外烧烤、森林日光浴、森林童话园等。

小贴士 TIP

上海崇明县崇明岛中北部东平林场

乘地铁3号线至宝杨路站下，转乘宝山9号至宝杨路码头下车即可

021－59338266

西沙湿地公园 | 国际地质公园的核心部分

Xi Sha Shi Di Gong Yuan

推荐星级★★★★★

小贴士 TIP

上海崇明县崇明岛西南端

乘坐南建线至新建水闸下车即可

西沙湿地公园位于崇明岛西南端，绿华镇桃源水乡与明珠湖大堤外侧是崇明岛国家地质公园的核心组成部分、崇明岛国家地质公园纪念碑所在地，也是上海目前唯一具有自然潮汐现象和成片滩涂林地的自然湿地，还是上海市科委立项的湿地生态修复实验基地。这里景观非常壮观，有众多湿地植被、鸟类、两栖动物等。除此之外，还有种子植物46种，植物有芦苇、野茭白、莩草、马兰、糙叶苔草以及人工种植的旱柳、落羽杉等，水塘中主要为狐尾藻、巩草等沉水植物，边缘为芦苇、狭叶香蒲等挺水植物，还吸引了大量的鸟类，最为常见的有大白鹭、绿头鸭、震旦雅雀等。

前卫村 | 全球生态村500佳之一

Qian Wei Cun　推荐星级★★★★

前卫村位于崇明岛前卫生态村203号，紧临东平国家森林公园。这里环境非常清幽宁静，空气新鲜，花果绕村争香斗艳，景点观光千姿百态，树木成林鸟语花香，给人一种世外桃源的感觉，特别是“吃农家饭、住农家屋、干农家活、享农家乐”深受都市游客的青睐。村民民风纯朴，邻里和睦，接待热情周到，农家菜肴味香可口，是休闲、度假的好去处。在前卫村，可游览瀛洲古村，村口有水车，村内可参观农家纺纱织布，鸳鸯楼观民俗风情，看古时的婚堂及“抛球择婿”节目，去鱼塘垂钓，或在游客自种园，体验男耕女织的乐趣。

小贴士 TIP

上海崇明县崇明岛前卫生态村203号

乘地铁3号线到宝杨路站下，换乘到宝杨码头的各路公交即可

东滩湿地公园 | 国际重要湿地

Dong Tan Shi Di Gong Yuan　推荐星级★★★★

东滩湿地公园位于上海市崇明岛的最东端，南北濒临长江的入海口，向东缓缓伸向浩瀚的东海，并与南北大陆遥遥相对。处于我国候鸟南北迁徙的东线中部，地理位置十分重要，其生物多样性价值体现在物种的多样性和生态系统的多样性。东滩滩涂辽阔，拥有丰富的底栖动物和植被资源，是候鸟迁徙途中的集散地，也是水禽的越冬地。崇明东滩记录的鸟类达312种，迁徙水鸟上百万只。其中国家一级保护动物4种，国家二级保护动物43种。属中日候鸟保护协定的有167种，属中澳候鸟保护协定的有51种，列入《中国濒危动物红皮书》的水鸟有12种。崇明东滩为国际重要湿地。

小贴士 TIP

乘坐申崇旅游专线即可到达

崇明白山羊 | 崇明岛特定的土产

Chong Ming Bai Shan Yang　推荐星级★★★★

“崇明白山羊”是长江三角洲地区的羊种之一，也是在崇明岛特定水土条件下孕育而成的特产。崇明白山羊属皮毛肉兼用型品种，体型中等偏小，体格健壮，具有适应性强，繁殖率高，浑身肌肉丰满，肉质细嫩鲜美、肥而不腻、鲜而不油、酥而不烂、营养丰富等特点，并具有热身去寒、滋阴壮阳等功效，是食补的上等佳肴，可红烧也可白切、炖汤。

小贴士 TIP

上海崇明县

崇明老毛蟹 | 崇明岛最有名的土特产之一

Chong Ming Lao Mao Xie　推荐星级★★★★★

崇明老毛蟹是上海崇明县崇明岛上最有名的土特产之一，具有个小、壳薄、肉质细密而有香味、雌性蟹黄足、雄性蟹脂多的特点，很受消费者喜爱。

小贴士 TIP

上海崇明县崇明岛

崇明老白酒 | 崇明岛传统的特产之一

Chong Ming Lao Bai Jiu　推荐星级★★★★

早在百余年前，崇明老白酒已驰名沪苏地区。正宗的崇明老白酒由百分之百的纯糯米酿造，酒中不含任何添加剂，经过自然沉淀灌注而成，严格消毒后封装入库。其酒色清纯，呈乳白色，酒度适中，酒味甘醇，酒香馥郁，后劲足，有回味，营养丰富，还有浓郁的香味，甘甜中略带一点酸味的特殊口感，又有甜白酒、米酒、水酒之称，深受上海人的追捧，娶嫁做寿都用它款待宾客。冬天炖烫后喝，夏天冰镇后喝，风味更独特，其中尤以"菜花黄"和"十月白"两个品种为最佳。

小贴士 TIP

上海崇明县

崇明金瓜 | 享有盛名的特产

Chong Ming Jin Gua　推荐星级★★★★★

"崇明金瓜"原产于北美洲南部，我国在明代就已经引进栽培，主要分布于东部沿海地区。因其成熟瓜皮为金黄色，故称"金瓜"，其瓜肉是晶莹透明的黄色细丝，故金瓜又称"金丝瓜"。金瓜丝鲜嫩清香、松脆爽口、风味独特，素有"植物海蜇"之美誉。崇明金瓜食用方法颇多，最为常见的是凉拌，也可做汤、炒食、盐渍等，味道很美。

小贴士 TIP

上海崇明县

D 周边景区热荐

214-217

NO.1 南京—无锡—苏州—扬州—昆山

1 中山陵 | 革命先行者孙中山先生的陵墓

Zhong Shan Ling

中山陵是中国近代伟大的政治家、伟大的革命先行者孙中山的陵墓及其附属纪念建筑群。内部主要建筑有：牌坊、墓道、陵门、石阶、碑亭、祭堂和墓室等，布局体现了中国传统建筑风格。园内巍巍钟山，青松翠柏汇成浩瀚林海，其间掩映着两百多处名胜古迹。

2 夫子庙老街 | 秦淮河畔的休闲区

Fu Zi Miao Lao Jie

夫子庙老街有众多传统特色的小吃，还有鳞次栉比的零售店，古玩字画店铺也数不胜数，现今还设有众多的娱乐休闲场所。

3 灵山大佛 | 风水佳绝的佛国宝地

Ling Shan Da Fo

灵山大佛坐落于无锡境内，这里有88m高的露天青铜释迦牟尼佛立像。大佛所在位置系唐玄奘命名的小灵山，故名灵山大佛。远观三山环抱，灵山大佛巍然屹立，气势雄伟壮观。大佛南面太湖，背倚灵山，左挽青龙山，右牵白虎山，地灵形胜，风水佳绝，为难得的佛国宝地。

4 梵宫 体现佛教博大精深的建筑

Fan Gong

灵山梵宫位于无锡太湖之滨，钟灵毓秀的灵山脚下，其建筑气势磅礴，布局庄严和谐。梵宫共高三层，顶部为错落有致的五座华塔，后侧为曼陀罗形态的圣坛。整个建筑依山而建，集成了世界佛教三大语系的建筑精华，以其之“特”与灵山大佛之“大”、九龙灌浴之“奇”构成全新灵山胜境的三大奇观。灵山梵宫各区域演绎着优秀的传统文化：有东阳木雕、敦煌技师的手工壁画、琉璃巨制、扬州漆器、油画组图、景泰蓝须弥灯、景德镇青花粉彩缸、瓯塑浮雕壁画。

5 狮子林 苏州四大名园之一

Shi Zi Lin

狮子林是苏州四大名园之一，至今已有650多年的历史。园内有众多的竹林，竹林下又有很多怪石，石头的形状如狮子，故名“狮子林”。园内假山遍布，长廊环绕，楼台隐现，曲径通幽，有迷阵一般的感觉。长廊的墙壁中嵌有宋代四大名家苏轼、米芾、黄庭坚、蔡襄的书法碑及南宋文天祥《梅花诗》的碑刻作品。

6 苏州古城 东方威尼斯

Su Zhou Gu Cheng

苏州古城是中国最精致的城市，古城基本保持着古代“水陆并行、河街相邻”的双棋盘格局、“三纵三横一环”的河道水系和“小桥流水、粉墙黛瓦、古迹名园”的独特风貌，古城内宋代有河道82km，桥314座；清末有河道58km，桥241座；现存河道35.28km，桥168座，是全国河道最长、桥梁最多的水乡城市，被马可•波罗称为“东方威尼斯”，法国启蒙思想家孟德斯鸠称其为“鬼斧神工”。

7 寒山寺 中国十大名寺之一

Han Shan Si

寒山寺位于苏州城西阊门外的枫桥镇，曾是我国十大名寺之一。寺内古迹甚多，如：张继诗的石刻碑文，寒山、拾得的石刻像，文徵明、唐寅所书碑文残片等。寺内主要建筑有大雄宝殿、庑殿（偏殿）、藏经楼、碑廊、钟楼、枫江楼等。

8 乌镇 江南水乡古镇

Wu Zhen

乌镇地处浙江桐乡，拥有小桥、流水、人家的水乡风情和精巧雅致的民居建筑，更飘逸着一股浓郁的历史和文化气息，是典型的江南水乡古镇，素有“鱼米之乡，丝绸之府”之称。

9 瘦西湖 风景如画的园林群

Shou Xi Hu

瘦西湖位于扬州境内，有二十四桥景区及众多景点。瘦西湖“L”形狭长河道的顶点是眺望远景的最佳处。院内景色怡人，园林群景色怡人，风景如画。

10 周庄 中国第一水乡

Zhou Zhuang

周庄位于江苏昆山，有九百多年的历史，且有“中国第一水乡”的美誉。内部最著名的景点有沈万三故居、富安桥、双桥、沈厅、怪楼、周庄八景等。其中富安桥是江南仅存的立体形桥楼合璧建筑；双桥则由两桥相连为一体，造型独特；沈厅为清式院宅，整体结构严整，局部风格各异；此外还有澄虚道观、全福讲寺等宗教场所。

NO. 2 杭州—温州—宁波

1 西湖 | 中国十大风景名胜之一
Xi Hu

杭州西湖，旧名金牛湖、明圣湖、钱塘湖，也称西子湖，三面云山怀抱，一面濒临城区，湖面6.3km^2，环湖15km。以西湖为中心的杭州西湖风景为名胜区，是全国十大风景名胜之一。“新西湖十景”为：灵隐禅踪、岳墓栖霞、六和听涛、湖滨晴雨、钱祠表忠、万松书缘、杨堤景行、三台云水、梅坞春早、北街梦寻。

2 雁荡山 | 东南第一山
Yan Dang Shan

雁荡山位于温州市境内。最初为南北朝，兴于唐，盛于宋，素有“寰中绝胜”、“海上名山”之誉，史称“东南第一山”。其共有500 多个景点分布于8个景区，以奇峰怪石、古洞石室、飞瀑流泉称胜。其中，灵峰、灵岩、大龙湫三个景区被称为“雁荡三绝”。特别是灵峰夜景及灵岩飞渡堪称中国一绝。

3 东钱湖 | 浙江第一大淡水湖
Dong Qian Hu

东钱湖又名“万金湖”，位于宁波鄞州区，是浙江第一大淡水湖，素有“西子风韵、太湖气魄”之美誉。东钱湖水光空潆，山色如黛，诗情画意，妙趣天成。

《游购娱食》编写组

周晓文	刘月月	黄　刚	陈　立	崔　淼
邓志远	姚建慧	范晓玲	付　宁	郭　聪
郝　婷	郭　健	计国丽	徐丽莎	黄　正
李飞飞	李　峰			

特别声明

我们力求做到书中信息准确无误，经过核实并及时更新。但城市的建设日新月异，一些信息时常变更。本书读者请以实际情况为准，建议在前往目的地之前最好先通过电话咨询。本书出版者印刷工业出版社和北京希望电子出版社以及选题策划者《游购娱食》编写组在法律允许的免责范围内不就因此引起的直接、间接或结果性的损失承担任何责任。